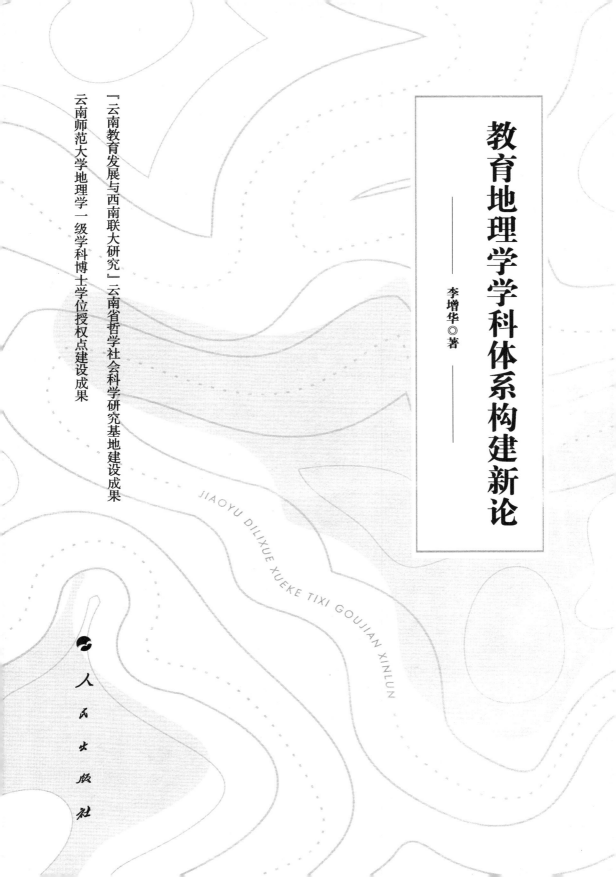

教育地理学学科体系构建新论

—— 李增华◎著 ——

『云南教育发展与西南联大研究』云南省哲学社会科学研究基地建设成果

云南师范大学地理学一级学科博士学位授权点建设成果

JIAOYU DILIXUE XUEKE TIXI GOUJIAN XINLUN

人民出版社

前　　言

　　教育地理学既是专业学术领地内"教育—地理"跨学科知识生产的理论结晶萌芽,也是实践操作层求解多元教育地理问题的方案探讨累积。在"交叉学科"正式进入我国高等教育学科专业目录的现实背景下,尚处发展起步阶段的教育地理学一方面迎来了难得的历史机遇,另一方面也对学科元研究提出了新的更高要求。

　　研究采用元学科体系研究的一般范式,围绕"一般"到"特殊"再到"一般"的逻辑分析主线,运用"人地关系理论"以及"人地关系地域系统理论",全面阐释"教育—地理"学科知识互动的"人—地"关联。进而在这一基础上,首先,引入交叉学科的理论解析,从普遍意义上探讨"教育—地理"学科知识交融的本体内涵、边界及其限度。其次,借助地理学的专门化学科观照,系统揭示教育地理学作为地理学下位分支学科的理论合理性和实践合目的性,并依托教育内外部关系规律的理论指引,围绕"教育与地理要素"的内外互动,分解厘定教育地理学的学科知识构成,并因循学科知识"人—地互动、教—地互动、教育—环境互动"的三重内在逻辑联结,构建其学科知识体系。再次,借助"传统+现代"的学科体系评判分析框架,重回"一般"意义上的教育地理学学科体系构建的"四维"梳理(在大学中开设专业、有专门化的研究领域、有专门化的研究队伍、有专门性的理论研究刊物),分析教育地理学学科体系建构的现存不足,并提出针对性的建设改进。最后,以"余论"探讨的方式,尝试提出"以教育地域系统为核心的教育地理学学科体系构建"方案,力图形成"普遍意义探讨+学科视角观照"相统合的"教育地理学学科体系构建整合路径"。

聚焦整个研究内容的系统探讨,本书在三个方面体现了一定的创新:一是阐述并揭示了教育地理学在学科属性上隶属"教育—地理"学科交叉的本质事实。借助地理学的特定视角,阐述了教育地理学作为其下位分支学科发展的逻辑可能和内容缺失,并在教育地理学作为地理学下位分支学科内容缺失探究的基础上,通过交叉学科理论的"教育—地理"学科知识交叉内涵、边界与限度的思辨厘定,明确揭示出"教育地理学作为教育活动与地理要素相互影响、相互制约、相互促进的一门新兴交叉学科"的客观事实。二是提出并论证了"教育地域系统"是教育地理学学科体系构建核心本体的理论观点。透过人地关系理论的"人—地互动"和教育内外部关系规律的"教育—环境互动"交互迁移,论证了"教育地域系统"作为"人—地互动逻辑起点"和"教育—环境交互逻辑终点"相统一的一面,并在教育作为人类社会活动的理论认知内,提出了教育地域系统以"教—地互动"串联"人—地互动"和"教育—环境互动"的中介纽带作用,从而明确了教育地域系统作为教育地理研究逻辑起点、逻辑中介和逻辑终点的辩证统一。三是分析并解构了教育地理学基于"教—地互动逻辑"而生成的本体论、认识论和方法论内容。遵循"教育—地理"学科知识交叉的"教—地互动"逻辑主线,分析了教育地理学以教育活动和地理要素多元耦合而形成本体论知识,以"教育—地理"研究学术共同体学科认知而催生的认识论内容,以交叉学科知识关联和下位分支学科纵向分化相统一的方法论解析。

本书在教育地理学研究领地上的零星内容丰富,在教育地理学学科体系构建上的式微理论创新,更多的是建立在前人开创性研究的基础上,既是人地关系等系列理论在客观教育地理事象观照上的粗浅尝试,也是立足教育地理研究巨人肩膀上的持续前行。

序

　　本书系李增华博士学位论文的"雕琢"完善品。作为作者的博士生导师，在其书稿付梓之际应邀欣然为之作序，于我内心而言，有着欣赏、欣慰和欣喜三重不同的含义。

　　首先是欣赏其选择教育地理学学科基本问题进行研究的勇气。2011 年，为进一步深化学科发展内涵，拓展既有博士点的辐射带动效用，云南师范大学在地理学一级学科框架内自主增设了教育地理学二级学科博士点，并从 2013 年秋季开始招收博士研究生。本着积基树木的期盼，我们导师团队一直希望与新进博士研究生队伍一道，就教育地理学这一新兴交叉学科的"学科体系构建问题"做系统的深化研究。为此，导师组一贯鼓励学生聚焦"原理性问题"进行选题。但对于这块难啃的"硬骨头"，博士生们大多望而却步，甚至退避三舍。进入 2017 年后，作者和同届另一博士向导师组提出作"教育地理学学科体系构建"元研究的想法。对这一情况，我们整个导师队伍都是非常支持的。为此，我们也作出一个基本设想：两个同学，一个从教育学的视角开展研究，一个从地理学的视角开展研究，进而通过两个研究的深化整合，实现教育地理学在多学科整合上的全面解构，进而也形成我们学位点在教育地理学学科体系构建上的科学深化。但遗憾的是，在这一过程中，由于选题本身的难度，加之一些其他因素的影响，另外一位同学换了应用研究的选题，只有作者坚定地坚持了下来，并从地理学的视角完成了教育地理学的学科体系构建探讨。对于他的这个勇气，直到现在我都是很欣赏的！

其次是欣慰其锲而不舍地坚持完成博士论文科学研究的所得。从开始研究选题到进入论文开题，从推进研究到中期检查，从深化研究到预答辩，再从论文外审到正式答辩，我见证了作者完成博士学位论文的全过程。作为具体写作上的旁观者和学术研究上的参与者，我充分理解其整个心路历程——既有选题时的迷惑与混沌，也有推进中的非议与责难；既有研究陷入困顿时的失落与沮丧，也有研究得以进展时的喜悦与激动；既有预答辩中专家的鼓励与肯定，也有等待外审期间的不安与焦虑。可谓有文思干涸的时候，也有求解不得的时候，有豁然开朗的时候，也有波诡云谲的时候，甚至也有过就此放弃的时候。尽管如此，论文无论是在开题、中期还是预答辩，乃至是正式答辩的时候，都得到了导师组、答辩评委的高度肯定！尤其得到了国内教育地理学研究前辈们的充分肯定。在答辩时，相关专家认为：该论文丰富了、完善了既有的教育地理学学科体系建设研究，进一步拓展和深化了教育地理学的研究内容。这一评价虽有鼓励成分，但对于导师组和学生来说都是一种莫大的鼓舞。尤其作者能够克服工学矛盾、勇于面对学术难题，攻坚克难，完成研究，顺利获得博士学位，我对此感到非常的欣慰。

最后是欣喜其研究成果为学界所认可而得以顺利出版的所愿。在论文正式答辩后，专家组一致提议作者对论文进行公开出版，既是对自己博士阶段学术研究的一个交代，也是对教育地理学理论研究成果的一种丰富。为此，作者一方面积极联系著作出版事宜，另一方面也对书稿进行了多轮的修订调整。尽管从论文语言到专著行文的风格转变，从经费筹集到修订完善的出版对接，也让这个长期工作于行政机关的博士大受折腾，但得益于这一折腾，促使作者又先后发表了《教育地理学视角的教育地域系统多维研究》《"三重互动"：教育地理学学科知识的生成逻辑》《交叉学科视域下"教育—地理"学科融合的边界及限度论略》等多篇学术论文，部分文章还在《新华文摘》转载，书稿也历经出版社专家评审，最终进入出版流程，也算得上是其整个学习研究经历中的阶段性小成。作者请我为之作序，我深感这是一件值得欣喜的事情。

书稿即将正式面世,作为教育地理学领域的博士生导师,我也对本书作者,以及其他正走在教育地理学研究道路上的后辈提点期许。教育地理学既属交叉学科,也是新兴研究领域,不管它已然走过多长的路,但其未来的深化发展,仍需每一个教育地理学人久久为功的倾力付出!无论从哪个点切入,都要带着勇气去选题、带着毅力去做完、带着信心去做好,在自身可及的维度和领域,积小成为大成。衷心期待年轻人的学术道路更宽,教育地理学的明天更好!

伊继东

2022 年 12 月于昆明

目　　录

第一章 导 论

　　教育地理学作为一个知识体系,是顺应并伴随近现代科学知识既高度分化又高度综合、自然科学与社会科学日益交织、边缘学科与横断学科大量产生的历史趋势和教育实践活动持续深化、复杂多变的时代欲求,由教育学和地理学的相邻地带综合交叉、相互弥合而成的边缘性交叉学科。恩格斯早在1885年就预言:"自然科学现在已经发展得再也不能回避辩证综合了。"①教育地理学的创生与发展正是契合了自然科学与人文社会科学辩证综合、跨界交融的方向和需要。毋庸置疑,自美国约翰斯·霍普金斯大学教授威尔塞(E.Curt Walther)在1932年出版的《教育地理学导论——现代普通地理学和区域地理学教师专业研究指南》(*An Introduction to Educational Geography:A Guide to the Professional Study of Modern General and Regional Geography for Teachers*)一书中正式提出"教育地理学"称名②以来,教育地理学已然引起学界的广泛关注,特别是在区域教育地理、应用教育地理等教育地理实践领域取得了多方面、丰富化、有益性的研究成果,并形成了区域教育决策继而推动了特定尺度区域的教育实践发展。但是,教育地理学至今无疑仍是一门"理论明显滞后于实践"③

---

　　① 《马克思恩格斯选集》第3卷,人民出版社2012年版,第389页。
　　② 我国著名教育地理学者罗明东教授根据文献分析认为美国的威尔塞最早提出了"教育地理学"。E.Curt Walther,*An Introduction to Educational Geography:A Guide to the Professional Study of Modern General and Regional Geography for Teachers*,Michigan:Edwards Brothers,Inc. Publishers,1932,p.1;罗明东:《教育地理学》,云南大学出版社、云南人民出版社2012年版,第5页。
　　③ 罗明东:《教育地理学:反思与前瞻》,《学术探索》2016年第1期。

的学科,突出表现在学科概念缺乏共识、学科属性争议较大及学科体系亟待完善。因此,开展教育地理学的学科属性及学科体系构建研究,实质就在于进一步深化教育地理学的概念认识,明晰教育地理学的学科属性,完善教育地理学的学科体系,增强教育地理学学科的批判力、解释力、建构力、指导力,为教育地理实践活动以及教育地理研究实践提供理论指导和思想引领,助推教育地理学从人类科学知识共同体和学科丛林的"边缘地带"走向"前沿阵营"。

第一节 教育地理学学科体系构建的历史回顾

一、学科体系构建的问题缘起

科学是人类认识改造世界的基本形式[①],学科是科学演进发展的重要依托。从横向看,不同科学知识的分化与综合、分立与交融,形成了庞大的学科群;从纵向看,某一科学知识单元的持续衍化与延伸、多层分解与拓展,形成繁茂的学科树。根据系统论的基本原理,这些纵横阡陌的学科就构成了一个科学巨系统,而作为科学巨系统组成成分的各门科学或学科又有其相对独立的本体系统或体系,因为科学始终是体系化的知识,正如拉契科夫所说"每门科学总以建立统一严密的某一知识体系为前提"[②]。作为客观世界的反映,任何科学知识体系都不是僵化不变、固定恒常的,而是随着客观世界的历史时间纵深发展、动态演化的,呈现出波浪式前进、螺旋式上升的一般规律,意即新的科学成果不断充实既有科学成果,新旧科学成果统合建立更加完整可靠的科学理论体系。在其驱动下,科学发展从古代社会到近现代社会呈现出"高度综

---

① [苏]彼德·阿列克谢耶维奇·拉契科夫:《科学学——问题·结构·基本原理》,韩秉成等译,科学出版社1984年版,第24页。

② [苏]彼德·阿列克谢耶维奇·拉契科夫:《科学学——问题·结构·基本原理》,韩秉成等译,科学出版社1984年版,第26页。

合—深度分化—深度分化基础上的高度综合"①的基本趋势。特别是 20 世纪
以来,科学发展从传统的"专业崇拜、分科迷恋"困境突围转向"跨专业互动、
多学科交融"格局,以期破解重大复杂的现实难题。因应这一历史态势,打造
一流学科、引领学科前沿、构筑学科高峰,自然成为世界各国的普遍共识,而创
建并推动科学交叉和交叉学科发展就是其应有之义和实然之选。许多国家特
别是主要发达国家高度重视学科多元化建设,积极在精专基础上深入探索交
叉领域、综合领域的科学发展,构建交叉学科、跨学科、超学科、综合学科的知
识理论体系以系统解决庞大领域、复杂领域的难题或课题,取得了一系列重大
的、新兴的科技成就,在人类历史上产生了重大影响,拥有了相应科学领域的
竞争优势,典型的如"美国陆军的原子弹研制计划"聚合了物理学、核科学、化
学、生物学、系统科学等多个学科的 1000 多名科学家②,成功研制出世界上第
一颗原子弹。

　　与美国等主要发达国家相比,我国交叉学科、跨学科研究发展相对缓慢。
从历史进程看,我国早在 20 世纪 20 年代"科学与人生观问题"论争中就有跨
学科研究的思想启蒙③,而后 30 年代初"中国社会科学家联盟纲领"提出的
"贯通社会科学与自然科学思想"④、40 年代初"陕甘宁边区自然科学研究会
宣言"提出的"推进自然科学与社会科学的高度发展"⑤等为我国交叉学科、
跨学科研究和教育奠定了一定的思想基础。但我国交叉学科、跨学科的研究
和教育是在 50 年代中后期才正式起步⑥,主要体现在"两弹一星"等重大项目
的实施。改革开放后,我国更加清晰地认识到推动和开展学科交叉和综合研

---

① 刘献君:《学科交叉是建设世界一流学科的重要途径》,《高校教育管理》2020 年第 1 期。
② 陈伟钢:《银行家应提升战略思维能力——从中国制造第一颗原子弹看领导者的战略思维》,《银行家》2012 年第 6 期。
③ 张君劢等:《科学与人生观》,黄山书社 2008 年版,第 1 页。
④ 中国社会科学家联盟:《中国社会科学家联盟纲领》,《江苏社联通讯》1985 年第 5 期。
⑤ 自然科学研究会:《陕甘宁边区自然科学研究会宣言》,《新中华报》1940 年 2 月 28 日。
⑥ 平思情:《新制度主义视角下我国研究型大学跨学科研究组织变迁分析》,《现代管理科学》2017 年第 6 期。

究对实现现代化的重要价值,先后实施了一系列重点大学及学科建设项目(诸如"211""985""优势学科创新平台"),推动建立了一批交叉学科、跨学科研究和教育的组织或平台,产生了一大批重大原创性创新成果,为国家战略和经济社会发展提供了必要的科学技术支撑。但从总体上、系统性上看,我国高等教育发展水平、学科建设水平特别是前沿交叉学科发展水平仍然不高,其综合实力和国际竞争力仍然不强,与世界一流大学、一流学科仍有差距。针对这一现实困境,2015 年 8 月我国正式提出"双一流"战略①,意在建成一批世界一流大学和一流学科,推动高等教育迈向内涵式发展。从世界一流大学的演进逻辑看,世界一流大学几乎都是通过学科建设形成优势和特色的,正所谓"没有一流的学科就没有一流的大学"②。由此可见,"双一流"建设须以学科建设为基础,否则一流大学的建设就是"无根之木"。而学科建设不仅应继承发展传统学科优势,更应大力实施和开展学科交叉、跨领域研究。鉴于此,2017 年 1 月国家有关部门明确提出"鼓励新兴学科、交叉学科"。2020 年 9 月国家进一步出台政策要求"设立新兴交叉学科门类,支持战略性新兴学科发展"③,为交叉学科发展奠定了学科制度基础,交叉学科必将成为科学知识生长的重要增长点和一流学科生成的重要领域。因此,作为教育学和地理学学科融合地带生长的教育地理学,极有可能是中国特色一流学科的潜在增长点,对于探索自然科学与人文社会科学交叉发展具有重要意义。

当然,教育地理学要实现"中国特色一流学科"的价值愿景,必须有坚实的学科基础理论、清晰的学科理论范畴、完善的学科知识体系。从教育地理学的发展历程看,尽管教育地理学在教育实践、教育科学、地理科学的深化发展

---

① 新华社:《中央全面深化改革领导小组第十五次会议召开》,2015 年 8 月 18 日,见 ht-tp://www.gov.cn/xinwen/2015-08/18/content_2915043.htm。

② 刘献君:《没有一流的学科就没有一流的大学》,《求是》2002 年第 3 期。

③ 教育部、国家发展改革委、财政部:《教育部 国家发展改革委 财政部关于加快新时代研究生教育改革发展的意见》,2020 年 9 月 21 日,见 http://www.moe.gov.cn/srcsite/A22/s7065/202009/t20200921_489271.html。

基础上,为解决教育实践活动中的新课题——教育地理问题提供了新的路径,但作为一门缓慢发展中的现代交叉学科,教育地理学在"学科丛林"中极显幼嫩而迷茫,其学科话语权浅薄而无力、学科组织制度空乏而无根,究其根本原因就在于教育地理学的基本理论、边界限度、基本属性尚混沌模糊,仍未形成具有教育地理特征的思想理论维度和方法体系维度。换言之,教育地理学还没有形成一个良好的知识生态系统。诚然,学科基本理论是一门学科的"元理论",是在学科发展的绵延历史长河中逐步、缓慢形成的庞大思想理论体系,由学科本体论、学科核心理论、学科价值观、学科方法论等多个学科要素构成。在这些要素中,学科体系是学科基本理论的核心内容和关键维度,表征学科存在的基本特征、价值、意义及现实可能性。因此,学科体系构建是教育地理学学科理论深化和实践推进的核心内容,意即教育地理学欲从现代"学科丛林"中突围成为一门独立规范的学科,并茂盛于现代"学科丛林",关键在于学科体系的提炼升华。具体而言,就是要在横向上明确教育地理学的相对边界、外延限度及相邻关系,廓清学科知识范畴;在纵向上拉伸教育地理学学科轴的长度,提升学科研究的深度,增加学科的厚重感和穿透力。

综上所述,教育地理学是在近现代交叉学科和跨学科研究发展的历史大势下创生的知识体系,也是人类社会寻求教育地理实践过程中复杂问题解决方案的实践产物,具有科学的动态性、时序性、流变性、发展性等一般特性。因此,本书着重从地理学的视角,在目前新的境遇下,对教育地理学学科属性及学科体系作深化研究和系统性探讨,以廓清教育地理学学科属性,构建更加优化的、完善的教育地理学学科结构系统,科学地展现教育地理学学科内容(知识单元)及各项内容(知识单元)的内在联系和相互关系,推动教育地理学合法化、制度化,奠定教育地理学走向一流阵营的理论基础。

二、学科体系构建的文献回顾

教育地理学作为一门新兴交叉学科,自问世以来受到国内外学者的广泛关注,部分学者从学科概念、学科属性、研究对象、研究内容、学科价值、学科体系、研究方法、中外比较等多个方面对其学科基础理论(或本体知识)展开研究,形成了一些有益的研究成果。为系统厘清教育地理学学科属性及学科体系的研究现状,从中探寻本书的着力点、生长点,特从以下方面作文献梳理。

(一)国外研究概述

教育地理学在西方被率先提出以来,以欧美学者为主的西方学界围绕教育地理学"学科化发展"作了一些关涉教育地理知识体系化方面的理论探讨,具体如下:

1. 关于教育地理学的"溯源"考察

考察人类教育活动的发展进程,古代西方教育已有教育地理考量及教育地理思想萌发,如古代西方的宫廷学校、骑士学校、教会学校等大多布设在环境清幽、资源丰韵的地方(区域位置),而其作为学科被提出来则是近代之事。我国教育地理学开创者罗明东教授在考察西方地理学史的基础上,明确认为教育地理学是在 1932 年由美国约翰斯·霍普金斯大学教授威尔塞率先提出的,其标志性文献和依据是威尔塞在 1932 年出版的《教育地理学导论——现代普通地理学和区域地理学教师专业研究指南》(*An Introduction to Educational Geography：A Guide to the Professional Study of Modern General and Regional Geography for Teachers*)一书。截至目前,学界普遍采用这一观点作为教育地理学基本理论研究的逻辑起点。

2. 关于教育地理学学科概念内涵的研究

从既有外文文献看,国外学者对教育地理学学科概念内涵尚未有一致性认识。较早对学科概念内涵作探讨的是英国学者瑞巴(R.H.Ryba)。他在《教育地理学与教育规划》(1972)一文中认为"教育地理学应关注筹备大学、中学及其他教育机构的相关问题",并提出了"教育地理学的概念性的框架构想",即"影响教育发展的地理学测定与教育规划者具有明显的关联;教育现象自

身产生的空间模式为地理研究提供了广阔的研究领域；教育在世界各个地区
的效果能从教育角度形成个人和群体对环境的相应理解，其取决于世界各地
政治、经济、社会、文化上的差异"①。而后，英国约翰斯顿主编的《人文地理学
词典(第三版)》(1996)提出"教育地理学是关于教育设施和资源的供给、运
作及产品的空间变化的研究"，②包括教育资源(如"必要的设施和资金"③)的
"多尺度供给运行"④和"设施运作、产品运行的多尺度表征"⑤，其已蕴含有
"资源公平供给的理念"；德国海德堡大学教授彼得·默斯伯格(Peter Meus-
burger)在《国际社会行为科学百科全书》(第7卷第2版,2015)中提出，教育
地理学关注"教育供给和消费的空间差异、地方环境和社会环境对教育程度
的影响、教师职业社会人口结构的空间差异、政策和人口统计变化对学校选址
模式的影响、学者与学生的流动性，以及空间、位置、空间关系和环境发挥重要
作用的其他教育问题"。⑥

3. 关于教育地理学学科属性的研究

从学科属性看，有学者认为，教育地理学介于"教育和地理两者之间"
(Colin Brock,2016)⑦，是教育和地理协同作用的结果，属于跨学科(地理、教

---

①　R.H.Ryba,"The geography of education and educational planning", in *International Geography*, W.P.Adams & F.M.Helleiner(eds), Toronto: University of Toronto Press, 1972, pp.1060-1062.

②　[英]R.J.约翰斯顿主编：《人文地理学词典》(第三版)，柴彦威等译，商务印书馆2004年版，第183页。该词典(第三版)的英文版在1996年出版，中文版则在2004年翻译出版。

③　L.Bondi,"School closures and local politics: the negotiation of primary school rationalization in Manchester", *Political Geography Quarterly*, Vol.6, No.3 (July 1987), pp.203-224.

④　C.J.Pattie,"Positive discrimination in the provision of primary education in Sheffield", *Environment and Planning A: Economy and Space*, Vol.18, No.9(September 1986), pp.1249-1257.

⑤　M.Bradford, "School-performance indicators, the local residential environment, and parental choice", *Environment and Planning A: Economy and Space*, Vol.23, No.3(March 1991), pp.319-332.

⑥　P.Meusburger, "Education, geography of", in *International encyclopedia of the social & behavioral sciences*(2nd edition, volume 7), editors in chief Neil J.Smelser & Paul B.Baltes, Amsterdam: Elsevier Science Publisher B.V., 2015, pp.165-171.

⑦　Colin Brock, *Geography of education: Scale, space and location in the study of education*, New York: Bloomsbury Academic, 2016, p.57.

育）综合研究领域（Robert Geipel，1966①；Colin Brock，1992②）。亦有学者提出教育地理学是教育学的下位分支学科，如德国地理学家克里斯·泰勒（Chris Taylor，2009）就明确提出其应作为教育基础学科的一个分支学科而存在③。英国教育学者 John Furlong 和 Martin Lawn 也持同样的观点④，更有学者（Laadan Fletcher，1974）直接将比较教育学与教育地理学等同起来，认为"比较教育研究构成了教育地理学"。⑤ 还有学者认为教育地理学是地理学的下位学科，如英国伯明翰大学教授彼得·卡夫尔（Peter Kraftl，2013）就将其作为地理学的分支学科。⑥ 但更进一步看，在"教育地理学究竟归属于地理学的哪种下位学科"这一问题上，学者们也尚未形成等位认同，如英国地理学家荷恩斯和瑞巴（1972）⑦等认为"教育地理学是社会文化地理学的一个分支学科"，英国学者马斯登（1977）认为"教育地理学归属于应用地理学"⑧，而德国海德堡大学教授彼得·默斯伯格（Peter Meusburger，2015）⑨、英国地理学家约翰斯

---

① Robert Geipel，"Angewandte Geographie auf dem Feld der Bildungsplanung（Applied geography on the field of educational planning）"，in *Tagungsbericht des Deutschen Geographentages* 1965 *in Bochum*，F.Monheim & A.Beuermann（eds），Wiesbaden：Steiner，1966，pp.448-457.

② Colin Brock，The case for a geography of education，*PhD thesis：University of Hull*，1992，pp.25-33.

③ Chris Taylor，"Towards a geography of education"，*Oxfod Review of Education*，Vol.35，No.5（October 2009），pp.651-669.

④ John Furlong & Martin Lawn（eds），*Disciplines of education：Their role in the future of education research*，London：Routledge，2010，pp.6-8.

⑤ L.Fletcher，"Comparative education：A question of identity"，*Comparative Education Review*，Vol.18，No.3（October 1974），pp.348-353.

⑥ P.Kraftl，"Towards geographies of alternative education：A case study of home-schooling UK families"，*Transactions of the Institute of British Geographers*，Vol.38，No.3（January 2013），pp.436-450.

⑦ G.H.Hones & R.H.Ryba，"Why not a geography of education?"，*The Journal of Geography*，Vol.71，No.3（March 1972），pp.135-139.

⑧ W.E.Marsden，"Historical geography and the history of education"，*History of Education*，Vol.6，No.1（January 1977），pp.1-42.

⑨ P.Meusburger，"Education，geography of"，in *International encyclopedia of the social & behavioral sciences*（2nd edition，volume 7），editors in chief Neil J.Smelser & Paul B.Baltes，Amsterdam：Elsevier Science Publisher B.V.，2015，pp.165-171.

顿(R.J.Johnston,1986)①等认为教育地理学是人文地理学的重要领域和分支。

4. 关于教育地理学研究内容的研究

就研究内容而言,国外学者主要从三个方面展开:一是参照地理学其他相关学科对教育地理知识内容作体系化建构,如 Edna E.Elsen(1951)基于地理学发展的学科体系化态势,认为教育地理学的建构可比拟工业地理学、医学地理学、政治地理学等学科建构②;Chris Taylor(2009)认为,应从空间转向与多学科交互角度建构教育地理学知识体系③。二是对教育地理学科知识范畴进行模块化解析,如英国学者瑞巴(R.H.Ryba,1972)认为,教育地理学大致探讨教育基础设施的地理学测定、教育现象的空间模式测定、教育影响其他社会和文化现象的地理学模式三个方面;④S.J.Ball(2007)⑤、Sarah L.Holloway(2010)⑥、P.Meusburger(2015)⑦等学者认为,教育地理学应研究正规教育、非正规教育、各种形式的学前教育和儿童保育方面的课题。三是探讨教育与地理的相互关系,如布鲁克斯等人(2012)认为"空间问题是学习、教学和信息流动的基础"⑧,Lorraine Symaco 和 Colin Brock(2016)进一步认为,教育地理学着重分析探讨教育的时

---

① R.J.Johnston, Derek Gregory & David M.Smith(eds), *The dictionary of human geography(second edition)*, Oxford: Basil Blackwell, 1986, pp.125-126.

② Edna E.Elsen, "The geography of education", *Journal of Geography*, Vol.50, No.9(December 1951), pp.374-382.

③ Chris Taylor, "Towards a geography of education", *Oxfod Review of Education*, Vol.35, No.5(October 2009), pp.651-669.

④ R.H.Ryba, "The geography of education and educational planning", in *International Geography*, W.P.Adams & F.M.Helleiner(eds), Toronto: University of Toronto Press, 1972, pp.1060-1062.

⑤ S.J.Ball & C.Vincent, "Education, class fractions and the local rules of spatial relations", *Urban Studies*, Vol.44, No.7(June 2007), pp.1175-1190.

⑥ Sarah L.Holloway, "Geographies of education and the significance of children, youth and families", *Progress in Human Geography*, Vol.34, No.5(October 2007), pp.583-600.

⑦ P.Meusburger, "Education, geography of", in *International encyclopedia of the social & behavioral sciences*(2nd edition, volume 7), editors in chief Neil J.Smelser & Paul B.Baltes, Amsterdam: Elsevier Science Publisher B.V., 2015, pp.165-171.

⑧ R.Brooks, A.Fuller & J.Waters(eds), *Changing spaces of education: New perspectives on the nature of learning*, London: Routledge, 2012, p.58.

空关系、位置关系①。

5. 其他相关研究

20 世纪 60 年代至 70 年代,地理学研究的"空间转向"②深刻驱动了地理科学的知识生产和场域拓展。有学者从教育地理学的周边学科领域开展研究,主要有 D.Gilborn(2010)③、E.Pahlke(2014)④等在性别地理学方面开展的学校教育性别化研究,彼得·卡夫尔(Peter Kraftl,2016)⑤、Gitanjali Pyndiah(2018)⑥等分别探讨了情感地理学与教育空间、历史学习教育的关系,Cochrane、Allan、Williams、Ruth 等(2013)提出了研究建立高等教育政策地理学的重要意义,⑦Robert J.Helfenbein 和 Edward O.Buendía(2017)提出了批判教育地理学的理论框架⑧,A.D.Singleton(2010)⑨、Joy K.Adams⑩ 等(2014)从教育人口地理学角

---

① L.Symaco & C. Brock(eds), *The significance of space, place and scale in the study of education*, London: Routledge, 2016, pp.1-2.

② 崔继新:《如何理解"空间转向"概念?——以阿尔都塞理论为视角》,《黑龙江社会科学》2014 年第 4 期。

③ D.Gilborn,"The white working class, racism and respectability: Victims, degenerates and interest convergence", *British Journal of Educational Studies*, Vol.58, No.1(March 2010), pp.3-25.

④ E.Pahlke, J.S.Hyde & C.M.Allison, "The effects of single-sex compared with coeducational schooling on students' performances and attitudes: A meta-analysis", *Psychological Bulletin*, Vol.140, No.4(July 2014), pp.1042-1072.

⑤ P.Kraftl, "Emotional geographies and the study of education spaces", in *Methodological advances in research on emotion and education*, M.Zembylas & P.A.Schutz(eds), Switzerland: Springer International Publishing, 2016, pp.151-163.

⑥ Gitanjali Pyndiah, "Emotional geography of education for history learning", *Children's Geographies*, Vol.16, No.4(July 2018), pp.418-431.

⑦ Cochrane, Allan, Williams & Ruth, "Putting higher education in its place: The socio-political geographies of English universities", *Policy & Politics*, Vol.41, No.1(January 2013), pp.43-58.

⑧ Robert J. Helfenbein & Edward O. Buendía, "Critical geography of education: Theoretical framework", in *Deterritorializing/Reterritorializing*, N. Ares et al.(eds), Rotterdam: Sense Publishers, 2017, pp.27-40.

⑨ A.D.Singleton, *Educational opportunity: the geography of access to higher education*, London: Ashgate Publishing Limited, 2010, pp.185-188.

⑩ Joy K.Adams, Patricia Solís Jean McKendry, "The landscape of diversity in U.S.higher education geography", *The Professional Geographer*, Vol.66, No.2(April 2014), pp.183-194.

度深入探讨了不同人口的入学机会及学习差异问题,Pedro A.Noguera 和 Julio Angel Alicea(2020)从城市教育地理学角度探讨了结构性种族主义问题对城市教育公平的影响①,David Meek(2019)从教育政治生态学的视角提出"教育地理学和地理教育学存在着复杂的回馈循环:教育并非中立,而是充满意识形态,并影响生产地景之概念化,提供学生智识与经济力量来实践自身的地景展望"②,Silvie R.Kučerová、Sarah L.Holloway、Holger Jahnke(2020)从历史地理学的层面系统介绍了教育地理学的时间性和空间性③。亦有学者致力于教育地理知识的应用实践探索,譬如 H.H.Gross、E.Eisen、A.K.Phillbrick、P.Meusburger(1998)等开展的教育土地利用研究④,Michael Bradford(1989)⑤、I.Gordon(2007)⑥、Amy Scott Metcalfe(2009)⑦、N.G.Bright(2011)⑧、P.Brogan(2013)⑨等

① Pedro A.Noguera & Julio Angel Alicea,"Structural racism and the urban geography of education",*Phi Delta Kappan*,Vol.102,No.3(January 2020),pp.51-56.

② David Meek,"The geography of education and the education of geography:Agricultural extension and the political ecology of education",*The Professional Geographer*,Vol.71,No.1(January 2019),pp.65-74.

③ Silvie R.Kučerová,Sarah L.Holloway & Holger Jahnke,"The institutionalization of the geography of education:An international perspective",*Journal of Pedagogy*,Vol.11,No.1(June 2020),pp.13-34.

④ P.Meusburger,*Bildungsgeographie:Wissen und Ausbildung in der räumlichen Dimension(Geography of Education:Knowledge and Learning in the Spatial Dimension)*,Heidelberg,Germany:Spektrum Akademischer Verlag,1998,pp.204-205.

⑤ M.Bradford & F.Burdett,"Spatial polarisation of private education in England",*Area*,Vol.21,No.1(March 1989),pp.47-57.

⑥ I.Gordon & V.Monastiriotis,"Education,location,education:A spatial analysis of English secondary school public examination results",*Urban Studies*,Vol.44,No.7(June 2007),pp.1203-1228.

⑦ Amy Scott Metcalfe,"The geography of access and excellence spatial diversity in higher education system design",*Higher Education*,Vol.58,No.2(August 2009),pp.205-220.

⑧ N.G.Bright,"Off the model:Resistant spaces,school disaffection and 'aspiration' in a former coal-mining community",*Children's Geographies*,Vol.9,No.1(February 2011),pp.63-78.

⑨ P.Brogan,"Education in global Chicago and the remaking of con-temporary capitalism",*Canadian Geographer-Geographe Canadien*,Vol.57,No.3(August 2013),pp.303-310.

开展的教育空间布局研究,Ana Sala-Oviedo(2016)①、Alla Semenova(2019)②等开展的教育空间规划研究,Ilkay Bugdayci 和 I. Oztug Bildirici(2016)③、Eulàlia Collelldemont(2014)④等对教育地图的相关探讨,Kenneth L.(1993)⑤、Waleed Lagrab(2014)⑥、L. P. Utomo(2020)⑦、R. P. Sahiundaleng(2020)⑧等开展的教育地理信息系统开发应用。这些研究为教育地理知识内容厘定提供了参考借鉴。

(二)国内研究概述

从总体来看,教育地理学是个"舶来品",20 世纪 90 年代才在我国有研究,即以 1991 年上海教育资源编辑委员会编辑出版的《上海教育资源》(一本用图、表及

---

① Ana Sala-Oviedo & Wesley Imms, "The role of evaluation as an educational space planning tool", in *Evaluating learning environments*, W. Imms et al. (eds), Rotterdam: Sense Publishers, 2016, pp. 145−161.

② Alla Semenova, "Pedagogical mastership of the higher school teacher of XXI century: sinergy of virtual and real in the educational space", *Science Rise: Pedagogical Education*, Vol. 2, No. 29 (April 2019), pp. 40−48.

③ Ilkay Bugdayci & I. Oztug Bildirici, "Evaluation of educational atlas maps in terms of cartographic design", *IOP Conference Series: Earth and Environmental Science*, Vol. 44, No. 4 (April 2016), pp. 1−6.

④ Eulàlia Collelldemont, "Tracing the evolution of education through street maps and town plans: educational institutions in the maps of Edinburgh during the seventeenth, eighteenth and nineteenth centuries", *Paedagogica Historica*, Vol. 50, No. 5 (September 2014), pp. 651−667.

⑤ Kenneth L. White & Michelle Simms, "Geographic information systems as an educational tool", *Journal of Geography*, Vol. 92, No. 2 (March 1993), pp. 80−85.

⑥ Waleed Lagrab & Noura AKNIN, "Analysis of educational services distribution-based geographic information system GIS", *International Journal of Scientific & Technology Research*, Vol. 4, No. 3 (December 2014), pp. 113−118.

⑦ L. P. Utomo, I. A. Saputra & Rahmawati, "Mapping education facilities based on geographic information system", *IOP Conference Series Earth and Environmental Science*, Vol. 485, No. 1 (June 2020), p. 12104.

⑧ R. P. Sahiundaleng & I. Widiaty, "Development of geographic information system based on website in the field of education", *IOP Conference Series: Materials Science and Engineering*, Vol. 830, No. 3 (April 2020), p. 32020.

适当的文字描述上海教育资源状况的工具书,主要通过各级各类、各区域教育分布图表征上海教育资源)为标志①。经过近 30 年的发展,我国教育地理学研究取得了许多比较有益的成果,特别是在应用教育地理学方面成果较为丰富。

1. 关于教育地理学科概念定义的研究

部分学者从"教育—地理"融合的角度,对教育地理学的概念作了探讨,其最早可以追溯到陈列(1992)发表的《关于我国高等教育地理布局问题的探讨》②,尽管该文仅只是初步阐述了当时我国高等教育地理结构特征、不平衡性问题及今后布局原则,并未对"什么是教育地理"进行探讨,但其却开启了我国教育地理理论研究的新篇。而首次探讨教育地理学学科概念定义的则是学者王秋玲(1995),其在论文《关于创建教育地理学理论体系的几点思考》中明确提出教育地理学是"研究区域教育产业及其地域组合的形成、发展和布局规律的科学"③。随后,学界更多从综合研究视角、研究对象、内在关系方面进行考量,对"教育地理学"的学科概念进行了更为完善的界定。比如:罗明东(1998)提出"教育地理学是一门从地理学的角度,用空间的观点,系统研究教育地域组合的形成、发展及教育地理空间分布规律的边缘性科学";④《地理学名词》(第二版)(2007)提出教育地理学是有关教育设施和资源的供给、运作及产品的空间变化的地理学研究;⑤尚志海(2008)研究认为,"教育地理学是研究教育现象的空间分布及其发展变化的规律性,并揭示教育活动与地理环境关系的学科";⑥张东风(2010)在其相关成果中提出"中国教育地理学是

---

① 上海教育资源编辑委员会编:《上海教育资源》,上海教育出版社 1991 年版,第 1 页。

② 陈列:《关于我国高等教育地理布局问题的探讨》,《教育科学》1992 年第 4 期。

③ 王秋玲:《关于创建教育地理学理论体系的几点思考》,《河南教育学院学报(哲学社会科学版)》1995 年第 1 期。

④ 罗明东:《教育地理学简论》,《云南师范大学学报(自然科学版)》1998 年第 2 期。

⑤ 全国科学技术名词审定委员会:《地理学名词》(第二版),科学出版社 2007 年版,第 207 页。

⑥ 尚志海:《从地理科学的发展趋势看教育地理学的研究》,《云南地理环境研究》2008 年第 5 期。

研究中国特定范围内的教育事象地域及其与地理环境的关系的一门新兴的学科"；①伊继东、姚辉（2012）认为，"教育地理学是建立在多学科基础上，以教育地域系统为研究对象，利用地理学等多学科方法研究教育现象、教育问题以及教育现象、教育问题与地理环境之间关系的一门学科"；②潘玉君、张谦舵、肖翔等（2015）认为，"义务教育地理就是从地理学视角，遵循地理研究范式和运用地理方法对义务教育进行研究的研究领域"，并在此基础上提出了教育地理学的"三个重要概念"，即"教育综合体、教育承载综合体、教育地域综合体"。③

2. 关于教育地理学学科属性的研究

究其学科属性，有学者认为教育地理学是教育与地理的中介学科，如罗明东（2012）明确认为，教育地理学是教育科学体系中的基础学科，是地理学体系中的应用性学科，是教育科学与地理学的中介学科。④ 亦有学者认为教育地理学是地理学的下位学科，如潘玉君、张谦舵、韩兴粉、肖翔等（2015）就将其作为地理学的分支学科⑤。但更进一步看，在"教育地理学究竟归属于地理学的哪种下位学科"这一科学问题上，学者们也尚未形成等位认同，如我国学者张东风（2010）认为"教育地理学是社会文化地理学的一个分支学科"；⑥王秋玲（1995）却认为"教育地理学是经济地理学的分支研究

———————

① 张东风：《中国教育地理学的形成与发展》，《衡阳师范学院学报（自然科学）》2010年第3期。

② 伊继东、姚辉：《教育地理学研究对象及内容的思考》，《云南师范大学学报（哲学社会科学版）》2012年第2期。

③ 潘玉君等：《教育地理区划研究：云南省义务教育地理区划实证与方案》，科学出版社2015年版，第2页。

④ 罗明东：《教育地理学》，云南大学出版社、云南人民出版社2012年版，第104—105页。

⑤ 潘玉君等：《教育地理区划研究：云南省义务教育地理区划实证与方案》，科学出版社2015年版，第1页。

⑥ 张东风：《中国教育地理学的形成与发展》，《衡阳师范学院学报（自然科学）》2010年第3期。

领域";①张正江(2012)②、袁振杰和陈晓亮(2019)③等则认为"教育地理学属于人文地理学的一门分支学科";伊继东、姚辉(2012)认为"教育地理学是多学科综合的产物"④;曲涛、王小会(2014)认为"高等教育地理学具有自然科学与社会科学属性,但倾向于社会科学;具有理论科学与应用科学属性,但倾向于应用科学;具有硬科学与软科学属性,但倾向于软科学;具有传统学科与交叉学科属性,但倾向于交叉学科"⑤。

3. 关于教育地理学研究内容及学科体系的研究

针对教育地理学的研究内容,国内学者的既有研究大致从三个方面展开:一是参照其他类似学科的体系化建构,王秋玲(1995)参照经济地理学,提出"教育地理学的基本范畴即教育布局的条件、原则、评价及教育的地域分工、区划、区域发展战略、区域发展规划",认为"它也像经济地理学的其他分支学科一样,包括总论(教育地理学概论或原理)和分论(部门教育地理学和区域教育地理学)两部分组成"⑥;尚志海(2008)依据现代地理科学将教育地理学研究内容范畴分为理论研究、基础研究、应用研究。⑦ 二是结合中国实际展开划分,如罗明东(2012)认为"教育地理学研究内容包括基本理论研究、各级各类教育地理研究、区域教育地理研究、教育科研地理研究、学校选址及学区布点规划研究、教育地图研究、校园环境研究、教育历史地理研究和宏观教育布

① 王秋玲:《关于创建教育地理学理论体系的几点思考》,《河南教育学院学报(哲学社会科学版)》1995年第1期。
② 张正江:《教育地理学与中国教育的地理问题探究》,《长江师范学院学报》2012年第8期。
③ 袁振杰、陈晓亮:《西方教育地理学研究评述与本土反思》,《地理科学》2019年第12期。
④ 伊继东、姚辉:《教育地理学研究对象及内容的思考》,《云南师范大学学报(哲学社会科学版)》2012年第2期。
⑤ 曲涛、王小会:《高等教育地理学探析》,《中国石油大学学报(社会科学版)》2014年第3期。
⑥ 王秋玲:《关于创建教育地理学理论体系的几点思考》,《河南教育学院学报(哲学社会科学版)》1995年第1期。
⑦ 尚志海:《从地理科学的发展趋势看教育地理学的研究》,《云南地理环境研究》2008年第5期。

局研究等"①;张东风(2010)将中国教育地理学概括为"基础理论研究""应用研究""学科特点、形成、发展、演变及其分布规律的研究""教育地域系统研究""教育地理区划与评价研究""教育地理制图研究""教育地理信息和监测系统"七个方面;②潘玉君等(2015)认为,教育地理学除理论部分外,其具体研究可根据教育类型分为高等教育地理、职业教育地理和义务教育地理以及特殊教育地理等诸多分支领域。③ 三是从教育与环境的作用机制层面探讨,如张正江(2012)将"自然地理环境对教育活动的制约与影响;在特定自然地理环境条件下,人类在教育活动中的主观能动性的发挥情况,教育活动对自然地理环境的适应与超越情况"作为教育地理研究的主要内容;④伊继东、姚辉(2012)则认为,教育地理学主要研究教育的地域差异、地域功能选择、地域认同;⑤杨颖等(2016)在回顾国外教育地理研究的基础上,提出国内教育地理研究可以从不同尺度上加强空间的研究以及空间之间的联系讨论,扩展非正式教育这一广阔的领域,加强教育公平的社会空间解释;⑥袁振杰等(2019)在总结 M. G. Bradford (1989)⑦、S. Burgess (2005)⑧、C. H. Thiem (2009)⑨、M. Munro

---

① 罗明东:《教育地理学》,云南大学出版社、云南人民出版社2012年版,第105—112页。
② 张东风:《中国教育地理学的形成与发展》,《衡阳师范学院学报(自然科学)》2010年第3期。
③ 潘玉君等:《教育地理区划研究:云南省义务教育地理区划实证与方案》,科学出版社2015年版,第1页。
④ 张正江:《教育地理学与中国教育的地理问题探究》,《长江师范学院学报》2012年第8期。
⑤ 伊继东、姚辉:《教育地理学研究对象及内容的思考》,《云南师范大学学报(哲学社会科学版)》2012年第2期。
⑥ 杨颖等:《国外教育地理研究回顾与借鉴》,《世界地理研究》2016年第4期。
⑦ M.G.Bradford & F.J.Burdett, "Spatial polarisation of private education in England", *Area*, Vol.21, No.1(March 1989), pp.47–57.
⑧ S.Burgess & D.Wilson, "Ethnic segregation in England's schools", *Transactions of the Institute of British Geographers*, Vol.30, No.1(March 2005), pp.20–36.
⑨ C.H.Thiem, "Thinking through education:The geographies of contemporary educational restructuring", *Progress in Human Geography*, Vol.33, No.2(April 2009), pp.154–173.

（2009）①、S.Holloway（2010）②、L.Kong（2013）③等西方学者研究成果的基础上，将西方教育地理研究归纳为"外向性（教育空间与宏观尺度政治经济格局的互动关系）和内向性（试图从微观尺度理解教育空间如何参与和影响教育者与受教育者之间的日常互动）两大阵营"④，并进一步提出中国教育地理学要"与不同的学科进行互动和交流，实现在研究视角（如权力、认同、地方等）、研究对象（儿童、成人与少数族群等）、研究方法（如 GIS 及时空大数据等）的融合与创新，对中国背景下不同教育空间和人群的教育实践进行更为深刻的认识和理解"⑤。

进一步来看，罗明东（2012，如图 1.1 所示）⑥、尚志海（2008，如图 1.2 所示）⑦根据教育地理学的主要研究内容，初步建构了教育地理学学科体系，为其学科建设提供了系统性框架。

4. 关于教育地理学研究对象的研究

研究对象是区分学科的重要标志。⑧ 不同的学者从不同的角度对教育地理学的研究对象作了探讨。具体来看，王秋玲（1995）把教育地理学作为经济地理学研究对象范畴，提出教育地理学研究对象即是"教育产业与地理之间

---

①　M.Munro，I.Turok & M.Livingston，"Students in cities：A preliminary analysis of their patterns and effects"，*Environment and Planning A*，Vol.41，No.8（August 2009），pp.1805–1825.

②　S.Holloway，P.Hubbard，H.Jöns H，et al，"Geographies of education and the significance of children，youth and families"，*Progress in Human Geography*，Vol.34，No.5（October 2010），pp.583–600.

③　L.Kong，"Balancing spirituality and secularism，globalism and nationalism：The geographies of identity，integration and citi-zenship in schools"，*Journal of Cultural Geography*，Vol.30，No.3（October 2013），pp.276–307.

④　袁振杰、陈晓亮：《西方教育地理学研究评述与本土反思》，《地理科学》2019 年第 12 期。

⑤　袁振杰、陈晓亮：《西方教育地理学研究评述与本土反思》，《地理科学》2019 年第 12 期。

⑥　罗明东：《教育地理学》，云南大学出版社、云南人民出版社 2012 年版，第 112 页。

⑦　尚志海：《从地理科学的发展趋势看教育地理学的研究》，《云南地理环境研究》2008 年第 5 期。

⑧　马君：《职业教育学研究对象之确定》，《职教论坛》2011 年第 28 期。

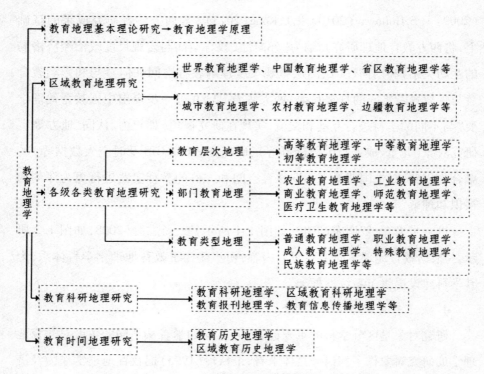

图 1.1　罗明东建构的教育地理学学科体系

的关系"①,而尚志海(2008)则把教育地理学纳入人文地理学研究对象范畴,认为其研究对象就是空间、环境两个核心内容②。亦有学者从"教—地"关系视角构建教育地理学研究对象,如罗明东(2001)认为,教育地理学的研究对象即是教育的地理现象或问题;③潘玉君等(2015)认为,教育地理学的研究对象就是地球表层的教育空间系统,其研究核心是人地关系教育地域系统;④曲

---

① 王秋玲:《关于创建教育地理学理论体系的几点思考》,《河南教育学院学报(哲学社会科学版)》1995 年第 1 期。
② 尚志海:《从地理科学的发展趋势看教育地理学的研究》,《云南地理环境研究》2008 年第 5 期。
③ 罗明东:《教育地理学的研究对象与性质》,《云南师范大学学报(教育科学版)》2001 年第 2 期。
④ 潘玉君等:《教育地理区划研究:云南省义务教育地理区划实证与方案》,科学出版社 2015 年版,第 1 页。

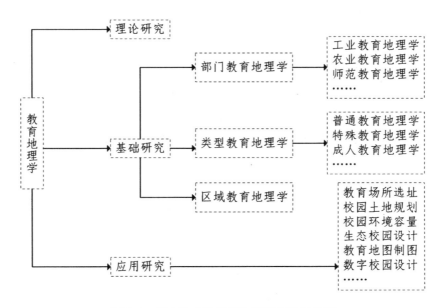

图 1.2   尚志海建构的教育地理学学科体系

涛、王小会(2014)认为,高等教育地理学的研究对象就是该学科领域矛盾特殊性的内在规律和外在表现①;张东风(2010)认为,教育地理学着重研究一定区域范围内教育事象与地理环境的关系,包括教育事象的地域系统与空间分布规律;②曹照洁、张正江(2010)认为,教育地理学研究教育现象或教育问题的地理学层面;③伊继东、姚辉(2012)认为,教育地理学的研究对象是教育地域系统。④

5. 关于教育地理学价值意义的研究

教育地理学作为一门综合性交叉学科,尽管形成时间较短、发展速度缓

---

①   曲涛、王小会:《高等教育地理学探析》,《中国石油大学学报(社会科学版)》2014 年第3 期。

②   张东风:《中国教育地理学的形成与发展》,《衡阳师范学院学报(自然科学)》2010 年第3 期。

③   曹照洁、张正江:《教育地理学研究的现状、问题与出路》,《毕节学院学报》2010 年第12 期。

④   伊继东、姚辉:《教育地理学研究对象及内容的思考》,《云南师范大学学报(哲学社会科学版)》2012 年第 2 期。

慢、学科化程度偏低,但其重要的学科价值、理论价值、现实价值不容置疑,几乎没有争议,得到学界普遍认同。典型的如罗明东(2012)认为"教育地理学是一门既有学术价值又有实用意义的学科,具有理论价值(填补了地理学研究的一项空白、拓宽了教育科学研究的范围)、实践价值(促进我国教育管理体制改革、推动我国课程和教材改革、我国教育空间布局的科学化)和教育价值";①张东风(2010)认为教育地理学研究"有利于地理科学的发展、有利于教育研究的深入、有利于我国教育现代化建设"②;曲涛、王小会(2014)认为"高等教育地理学在很大程度上拓展了高等教育学科、地理学科的研究领域,促进了多学科彼此交融,为高教创新理论体系的构建奠定了基础"③。

6. 关于教育地理学研究方法的研究

符合学科特征的研究方法是学科从模糊走向成熟的重要标志,教育地理学要成为"成熟"学科,离不开教育地理学的方法论。对此,一些学者对教育地理学的研究方法进行了初步探讨,有学者认为教育地理学主要是运用地理学的研究方法,如王秋玲(1995)认为"教育地理学的研究可以采用统计图表法、地图法,以及应用现代化分析手段"④,曹照洁、张正江(2010)认为"教育地理学研究必须走出书斋,走进田野,进行实证研究,需要做大量的实地调查、统计"。⑤ 亦有学者认为要有选择性地运用地理学的研究方法解决教育研究中的地理问题,如罗明东(2012)认为"教育地理学并没有自己所固有的具体的研究方法,地理学的研究方法就是教育地理学的研究方法,当然不是套用,

---

① 罗明东:《教育地理学》,云南大学出版社、云南人民出版社2012年版,第113—124页。
② 张东风:《中国教育地理学的形成与发展》,《衡阳师范学院学报(自然科学)》2010年第3期。
③ 曲涛、王小会:《高等教育地理学探析》,《中国石油大学学报(社会科学版)》2014年第3期。
④ 王秋玲:《关于创建教育地理学理论体系的几点思考》,《河南教育学院学报(哲学社会科学版)》1995年第1期。
⑤ 曹照洁、张正江:《教育地理学研究的现状、问题与出路》,《毕节学院学报》2010年第12期。

而要进行选择"①,同时他提出"教育地理学应用研究应重视教育/田野调查、行动研究、叙事研究、质性方法等研究方法及特征性(教育本土化)研究范式"②。

7. 关于教育地理学发展趋势的研究

我国教育地理学是一门尚未取得独立性的缓慢发展的现代交叉学科,其在学科概念、研究方法、学术期刊等诸多学科要素方面都有待进一步探讨,一些学者对教育地理学的未来发展提出了思路和期待。比如尚志海(2008)认为"教育活动对地理环境的影响、区域教育协调即可持续发展、教育现象的地域分异规律等应是今后教育地理研究的重点"③;张东风(2010)提出根据国情和工作基础突出重点开展工作,包括"开展21世纪我国高等教育的空间拓展和国际化研究""深入开展高校地域合理布局研究""结合工业化、城市化和重大工程布局开展教育地理评价研究""开展教育地理学本科教育,培养教育地理学人才"等;④罗明东(2016)提出未来教育地理学研究的三个重点方向,即"理论研究的重点:先解决好理论滞后问题""应用研究的重点:建构式发展教育地理学理论""特征研究的重要维度:特征性研究方法、研究范式、研究案例等";⑤杨颖等(2016)认为"教育地理学未来发展要重视空间的视角、正式教育与非正式教育并重、加强教育公平的空间解释";⑥袁振杰、陈晓亮(2019)认为中国教育地理学未来的发展有三个努力方向,即"开展与国外教育地理学研究的良性对话""注重与国内不同人文地理学分支的衔接""注重总结'中国经验',形成'中国理论'"⑦。

---

① 罗明东:《教育地理学》,云南大学出版社、云南人民出版社2012年版,第85页。
② 罗明东:《教育地理学:反思与前瞻》,《学术探索》2016年第1期。
③ 尚志海:《从地理科学的发展趋势看教育地理学的研究》,《云南地理环境研究》2008年第2期。
④ 张东风:《中国教育地理学的形成与发展》,《衡阳师范学院学报(自然科学)》2010年第3期。
⑤ 罗明东:《教育地理学:反思与前瞻》,《学术探索》2016年第1期。
⑥ 杨颖等:《国外教育地理研究回顾与借鉴》,《世界地理研究》2016年第4期。
⑦ 袁振杰、陈晓亮:《西方教育地理学研究评述与本土反思》,《地理科学》2019年第12期。

8. 关于教育地理学实践应用的研究

除却上述教育地理学基本理论方面的研究,还有很多教育地理学应用研究或者应用教育地理学研究。有学者对我国教育资源空间布局、地域分异、区域结构进行探讨,如潘玉君、罗明东主编的《义务教育发展区域均衡系统研究(第1卷):区域教育发展及其差距实证研究》(2007)①、《义务教育发展区域均衡系统研究(第2卷):区域教育发展及其均衡对策研究》(2007)②,王淼等的《公共教育资源空间公平性测度评析》(2020)③,潘兴侠等的《我国高等教育发展区域差异、空间效应及影响因素》(2020)④,李灿美、冯遵永的《基于GIS的高等教育中外合作办学规模的空间分布及其影响因素分析》(2020)⑤,孟婷等的《安徽省教育资源配置的空间分异、结构差异及绩效评价研究》(2020)⑥,郑佳纯的《空间视角下的我国高等教育省域差异研究——基于空间统计学的研究方法》(2020)⑦,路瑶的《教育资源配置的空间分异特征及其对城市化的驱动路径分析 ——以山东省为例》(2020)⑧,王志强的《粤港澳大湾区高等教育空间布局:框架、现实与进路》(2020)⑨,石泽婷、张学敏的《"空间

---

① 罗明东等:《义务教育发展区域均衡系统研究(第1卷):区域教育发展及其差距实证研究》,北京大学出版社2007年版,第1页。

② 潘玉君等:《义务教育发展区域均衡系统研究(第2卷):区域教育发展及其均衡对策研究》,北京大学出版社2007年版,第1—2页。

③ 王淼等:《公共教育资源空间公平性测度评析》,《测绘科学》2020年第11期。

④ 潘兴侠等:《我国高等教育发展区域差异、空间效应及影响因素》,《教育学术月刊》2020年第11期。

⑤ 李灿美、冯遵永:《基于GIS的高等教育中外合作办学规模的空间分布及其影响因素分析》,《江苏高教》2020年第11期。

⑥ 孟婷等:《安徽省教育资源配置的空间分异、结构差异及绩效评价研究》,《常州工学院学报》2020年第4期。

⑦ 郑佳纯:《空间视角下的我国高等教育省域差异研究——基于空间统计学的研究方法》,《当代经济》2020年第7期。

⑧ 路瑶:《教育资源配置的空间分异特征及其对城市化的驱动路径分析——以山东省为例》,青岛大学硕士学位论文,2020年。

⑨ 王志强:《粤港澳大湾区高等教育空间布局:框架、现实与进路》,《中国高教研究》2020年第6期。

生产"理论视域下教育资源均衡配置探析》(2020)①，袁振杰等的《中国优质
基础教育资源空间格局形成机制及综合效应》(2020)②，王辉等的《中国中等
职业教育空间集聚及其影响因素》(2020)③，刘国瑞的《我国高等教育空间布
局的演进特征与发展趋势》(2019)④，王喜娟、朱艳艳的《中国—东盟高等教
育合作特点及其发展空间》(2019)⑤，辛晓玲、付强的《学校教育空间研究的
现状与趋势》(2019)⑥，等等。亦有学者对教育区划展开研究，如赵枝琳的博
士学位论文《主体功能区视野下的云南省职业教育区划研究》(2017)⑦、潘玉
君等的《教育地理区划研究：云南省义务教育地理区划实证与方案》
(2015)⑧、叶丽娜的硕士学位论文《义务教育区划及其实践研究——以浦东
新区为例》(2008)⑨等。还有学者将地理信息系统与教育相结合，探索教育地
理信息系统，如林向军的《银川市教育机构布局规划地理信息系统》
(2013)⑩、王石岩等的《基于 NewMap 的教育地理信息系统的开发》(2012)⑪。
也有学者对不同行政区、功能区的教育进行比较研究。这些研究成果对本书

①　石泽婷、张学敏：《"空间生产"理论视域下教育资源均衡配置探析》，《广西民族大学学报（哲学社会科学版）》2020 年第 3 期。

②　袁振杰等：《中国优质基础教育资源空间格局形成机制及综合效应》，《地理学报》2020年第 2 期。

③　王辉等：《中国中等职业教育空间集聚及其影响因素》，《热带地理》2020 年第 3 期。

④　刘国瑞：《我国高等教育空间布局的演进特征与发展趋势》，《高等教育研究》2019 年第9 期。

⑤　王喜娟、朱艳艳：《中国—东盟高等教育合作特点及其发展空间》，《高教发展与评估》2019 年第 3 期。

⑥　辛晓玲、付强：《学校教育空间研究的现状与趋势》，《当代教育科学》2019 年第 4 期。

⑦　赵枝琳：《主体功能区视野下的云南省职业教育区划研究》，云南师范大学博士学位论文，2017 年。

⑧　潘玉君等：《教育地理区划研究：云南省义务教育地理区划实证与方案》，科学出版社2015 年版，第 1 页。

⑨　叶丽娜：《义务教育区划及其实践研究——以浦东新区为例》，华东师范大学硕士学位论文，2008 年。

⑩　林向军：《银川市教育机构布局规划地理信息系统》，《现代测绘》2013 年第 1 期。

⑪　王石岩等：《基于 NewMap 的教育地理信息系统的开发》，《测绘与空间地理信息》2012年第 9 期。

具有借鉴作用。

（三）现有研究述评

现有研究从"学科概念、学科属性、研究内容、研究方法、研究对象、学科体系、发展趋势、学科价值"等几个方面回答了"教育地理学学科属性及学科体系构建"的相关问题，但从总体上看，前述研究仍有进一步深化和拓展的空间。

第一，教育地理学的逻辑起点。关于教育地理学的最早提出时间，国外现有研究尚未有具体描述或起点界定，而国内现有研究普遍采用的是我国著名教育地理学学者罗明东教授对教育地理学的文献考证结论，即以 1932 年美国约翰斯·霍普金斯大学教授威尔塞出版的《教育地理学导论——现代普通地理学和区域地理学教师专业研究指南》(An Introduction to Educational Geography：A Guide to the Professional Study of Modern General and Regional Geography for Teachers)一书书名中载有"Educational Geography"为教育地理学的逻辑起点。然而，受文献检索收集的局限，要完全掌握关涉教育地理学的多语种历史文献材料极具困难。

在罗明东教授的系统研究考证基础上，笔者通过对外文文献的检索梳理和分析考证，美国印第安纳州立师范学校教授、第八次国际地理大会教育组组长德赖尔(C.R.Dryer)早在英国《地理教师》杂志 1904 年第 6 期发表的一篇文章《第八届国际地理大会上的教育地理学》(Educational Geography at the Eighth International Geographic Congress)中就使用了"教育地理学"(Educational Geography)称名表述①。这篇文章是德赖尔教授作为第八次国际地理大会教育组组长，撰写的教育组会议纪要或综述，对教育组的论文情况和讨论结果作了概要式描述，如"美国的地理和历史""美国学校地理""地理

---

① C.R.Dryer,"Educational geography at the eighth international geographic congress",*The Geographical Teacher*,Vol.2,No.6(October 1904),pp.254−258.

影响：一个研究领域""大学地理之旅"等，提出了"物质环境与人类活动之间的关系远比戏剧与演员的关系更为密切""改善不同国家教师之间的交流方式"等观点。尽管其具体内容主要谈论的是"地理知识的教育（或教育中的地理知识）"，但是，"Educational Geography"确实可作为从地理科学的角度就教育中的地理现象进行研究的学科领域的指称。客观而言，在现代英语语境中，"Educational Geography"的语义可能更倾向于"教育性地理"，其将"教育地理学"译作"Geography of Education"更为科学合理。因此，就科学研究的严谨性出发，本书将以1904年德赖尔教授最早使用"教育地理学"这一学科名称为逻辑起点。当然，作为一个"舶来"学科，教育地理学的逻辑起点或者最早使用"教育地理学"的历史节点或许会比1904年更早，有待学界进一步考证和挖掘。这也为教育地理学学科史——教育地理学史或教育地理历史研究留有空间和未来期许。

第二，教育地理学的学科概念内涵。现有研究或从物质生产运动、产业经济，或从人文地理、文化地理，或从地理学、教育学作出教育地理学的概念界定或内涵阐述，在一定程度上陷入"教育地理学即文化地理学、经济地理学、人文地理学"的狭窄概念空间；不仅如此，现有研究还在一定程度上将"教育地理学"与"地理学""教育学"等同或混同使用，缺乏对"教育—地理"交互性的观照，直接造成教育地理学学科建设机制及模式的困境。但是，现有研究在一定程度上给予我们很大的启示，这种基于多学科、多视角的教育地理学的理解，使我们对教育地理学的认识，更接近教育兼具自然属性和社会属性的本质，也为我们从地理学的视角探讨教育地理学的学科属性和构建教育地理学的学科体系提供理论支撑。

第三，教育地理学的学科属性。现有研究对教育地理学学科属性的界定可谓"五花八门"，既有从宏观层面以学科"上下位"关系逻辑将其划定为地理学和/或教育学的"下位学科"，也有直接将教育地理学归并在人文地理、文化地理、经济地理的"学科范畴"，还有称其为教育—地理的中介学科、综合学科。这无疑让教育地理学困顿于"属性"模糊,阻滞了教育地理学成为一门客观存在的、真正独立规范的、彰显教育地理知识本质的科学知识体系。但是,现有研究在一定程度上为我们重新审视和厘清教育地理学的知识本质,进一步明晰教育地理学的学科属性提供了思想基础和理论参照。

第四,教育地理学的学科体系。现有研究对教育地理学的学科体系探讨极少,先后提出过教育地理学学科体系的学者仅有 3 位(王秋玲、罗明东、尚志海),其中王秋玲是从研究内容的角度对教育地理学的学科体系作了粗略概述,而罗明东教授则在教育地理学研究内容系统阐述的基础上形成了比较完善的、系统性的、权威的学科体系(如图 1.1 所示),尚志海从研究领域的角度对罗明东教授所建构的教育地理学学科体系在应用研究领域作了细化(如图 1.2 所示)。特别是在 2008 年后,学界再没有学者提出过教育地理学的学科体系,着实令人遗憾,因为在近 20 年来,世界、地区乃至中国的教育格局发生了深刻变化,人类教育活动(系统)与地理环境要素系统更加广泛交互和深度融合,由此生长和形成的许多新知识及其派生的一系列教育领域新问题,迫切需要对其抽象升华成系统性的学科理论反哺和指导教育地理实践。尽管现有研究极少,但是,其业已成型的学科体系能为进一步推动教育地理学学科体系建设提供理论基础。

总体来看,尽管教育学、地理学均有自己相对独立的学科内容和知识体系,但难以全面观测"教育—地理"互动关系及其创生的新的复杂关系。无论是在国内还是国外,教育与地理的实践过程交融和学术领地交叉,历来是一个不争的学术事实和研究命题,从概念体系的彼此联系到学科属性的多元交叉,再到学科本体知识间的互通共证,均从多个维度表征着人类知识范畴内的"人—地"深层互动,折射"教育—地理"的密切联系。客观上,现有研究尚未完全解决教育地理学学科建设发展的问题,无论是学科概念界定,还是学科属性、研究内容、学科体系探讨梳理,都尚未形成相对一致的共识结论,且研究成果偏少,与蓬勃发展的教育地理实践研究、教育地理问题解决方案研制形成鲜明对比,所以说教育地理学的学科基础理论(元理论)研究总体比较薄弱。正如罗明东教授对当前教育地理学发展态势所作出的"理论滞后于实践"①的经典判断,致使学科地位饱受争议。但是,现有研究提供了许多有益的理论借鉴和现实参考,使得本书在教育地理学的内涵理解上更加完善,在教育地理学的学科属性分析和假设验证上更加充分,在教育地理学学科体系优化构建上更加合理。

三、学科体系构建的研究意义

教育地理学是教育科学和地理科学互动形成的知识结晶,也是在教育知识和地理知识交融地带展开的知识操作,其本质是教育学科与地理学科交叉基础上创生的新兴知识体系——教育地理知识体系,在客观上是作为"人—地"关系重要构成的"教—地"关系矛盾运动的必然产物,一定程度上回应了20世纪以来人类社会教育地理实践领域的理论诉求。但作为科学系统的新生事物和"教—地"关系的客观反映,教育地理知识体系建构发展总体较为缓慢。一方面,其本体理论的薄弱阻滞了学科知识的生长空间,因为其本体理论依赖于上位学科(缘起学科)教育学和地理学的知识增长及周边学科、相邻学科的知识拓展;另一方面,教育地理研究对教育地理实践的一般性普遍性经验规律和教育地理应用研究成果的系统化总结提炼不足抑制了学科理论的阐发能力,因为教育地理学科理论既应源于教育地理实践又应高于教育地理实践。因此,对教育地理学的学科属性及学科体系进行深入系统研究,无论在理论层面还是实践层面都具有十分重要的价值意义。

第一,理论意义。从理论层面看,任何一门独立规范的学科,必应有反映其基本特征的学科属性和涵盖其知识范畴的学科体系。也只有在实践基础上建构起相对完善的学科体系,才能有效彰显学科本体的生命力、影响力、解释力、

----

① 罗明东:《教育地理学:反思与前瞻》,《学术探索》2016年第1期。

批判力,因为学科体系是学科基础理论的核心内容和引导学科实践的关键要素。因此,本书在对教育地理学的内涵与外延深入阐释的基础上,初步廓清了教育地理学的学科属性,多维度解构和多角度展开了教育地理学科知识内容及其逻辑架构,尝试构建了"教—地"关系理论结构和教育地理学的理论框架,深入系统阐释了教育地域系统的科学内涵和运行机制,并提出以教育地域系统构建为核心的教育地理学学科体系及其学科建设路径,丰富了教育科学和地理科学的理论研究,拓展深化了教育地理学的基础理论(元理论),为教育地理学逐步成为一门规范化的成熟学科提供一定的理论基础,体现了较强的理论性;本书在罗明东教授对教育地理学成体系研究的基础上,于零星之处丰富了教育地理学的学科内涵,并通过文献梳理将教育地理学提出的时间向前推进至1904年,延展了教育地理学的时间轴,充实了教育地理学史的基本内容。

第二,实践意义。从实践层面看,任何学科理论研究都源自于其相应领域的实践需要,意即对其实践需要的理论回应,同时又负有指导服务实践的理论责任。因此,本书统合考察教育地理研究实际和教育地理学科发展现实,对教育地理学学科属性的梳理阐释及由此建构的学科体系,有助于延展深化地理学和教育学的学科范畴,对推动地理学、教育学、教育地理学学科建设实践提供相应的理论参考;本书属于基础理论研究,可为区域教育、教育区划、教育布局、教育规划、教育地理协调等教育地理实践提供理论指导;本书所作的"教育—地理"融合交叉、"教—地"互动关系和教育地理"学科知识操作—非学科知识操作"协同机制的理论分析与实践建构,可为我国交叉学科建设提供思路借鉴。

第二节　教育地理学学科体系构建的理论溯源

理论基础是开展科学研究、破解科学问题、分析科学现象的重要依据,而分析框架是连接理论基础与研究内容的桥梁纽带,是建立在现有理论基础上的"提出问题—分析问题—解决问题"的研究范式。本节首先对本书所依据的人地关系理论、人地关系地域系统理论、教育内外部关系规律理论、交叉学科理论等进行系统梳理,并在这一基础上探寻其与本书实际问题的结合点,进而构建本书"提出问题—分析问题—识别问题—解决问题"的框架。

一、相关的概念界定

概念内涵的界定是开展科学研究、探讨全部概念运动的首要环节。在本节,我们将集中对本书所涉及的"学科""学科属性""学科体系"三个基本概念作相应界定,以明确划定本书的边界所在。

(一)学科

学科古已有之,并非一个新近概念,诸如我国古代把文献分为"经史子集",柏拉图把知识分为辩证法、自然哲学、精神哲学,亚里士多德将知识分为理论性哲学、实践性哲学、创造性哲学,等等。显然,这些知识分类与现代意义上的科学知识特别是大学知识分类出入较大。因此,要回答"什么是学科",有必要对"学科"概念进行系统梳理。从词源学来看,英语语境的"学科"(Discipline)一词源于希腊语中的"Didasko"(意指"教")和拉丁语中的"(Di)Disco"(意指"学"),具有"规范、规训、自制力、训练方法、科目、学科(尤指大学)"等诸多意义[1],"到后来被引申到学术领域后,学科则是指一种对从业者需要进行严苛的由思考方式到行为规范的科学训练"[2]。从历史演进而言,早在古拉丁文中的"discipline"本义中已有知识(知识体系)、权力(孩童纪律、军纪)等引申之意,而在乔塞(Chaucer)时代的英文"discipline"主要指各部门知

---

① 王建华:《学科、学科制度、学科建制与学科建设》,《江苏高教》2003 年第 3 期。
② Armin Krishnan,"What are Academic Disciplines? Some observations on the Disciplinarity vs.Interdisciplinarity debate",2020 年 10 月 20 日,见 ESRC National Centre for Research Methods NCRM Working Paper series,http://eprints.ncrm.ac.uk/783/1/what_are_academic_disciplines.pdf。

识(尤指医学、法律和神学等高等知识部门)①,《最新牛津现代高级英汉双解词典》对"学科"一词的解释也包含了"知识分支""教学科目"等含义②。而对于现代意义上的学科,西方学者基于不同视角作过多种定义,其中较具代表性和权威性的是美国当代著名教育学家和社会学家伯顿·克拉克(Burton R. Clark),他从高等教育角度认为:"学科就是高等教育生产车间的一门门知识。"③

从我国来看,学界对学科有林林总总的定义,但对学科内涵的理解并无太大差异,关键在于所取视角不同罢了。据王续琨研究,大致在 20 世纪上半叶我国学界开始用"学科"一词对译英文的"discipline""subject"等词语④。《辞海》对学科内涵的界定包括"学术的分类"和"教学的科目"两方面含义⑤,侯长林、陈昌芸、罗静⑥、孙晶⑦等学者则从科学知识分类的角度认为"学科即知识的分类"。但也有学者从大学内外部关系角度探讨现代学科概念,比如阎光才认为"如今的学科概念更倾向于一种自我收敛、刻意与其他知识形成边界,以做区分的知识与理论体系和训练活动"⑧。还有学者从大学功能层面分析学科内涵,典型的如别敦荣认为"大学学科就是围绕办学定位、教师、学生三大因素及其相互关系建构的知识体系"⑨。

综上所述,本书中"学科"的含义倾向于选取别敦荣对学科概念的界定,

---

① 孙晶:《思想政治教育学学科属性研究》,长沙理工大学硕士学位论文,2008 年。
② 李振华、杨广育主编:《最新牛津现代高级英汉双解词典》(第 4 版),山西人民出版社 1991 年版,第 428 页。
③ [美]伯顿·克拉克主编:《高等教育新论——多学科的研究》,王承绪等译,浙江教育出版社 2001 年版,第 16 页。
④ 王续琨等:《交叉科学结构论》,人民出版社 2015 年版,第 3 页。
⑤ 辞海编辑委员会编:《辞海》,上海辞书出版社 1979 年版,第 2577 页。
⑥ 侯长林等:《本科层次职业学校学科选择及建设策略——兼论职业学科》,《高校教育管理》2020 年第 6 期。
⑦ 孙晶:《思想政治教育学学科属性研究》,长沙理工大学硕士学位论文,2008 年。
⑧ 阎光才:《学科的内涵、分类机制及其依据》,《大学与学科》2020 年第 1 期。
⑨ 别敦荣:《论大学学科概念》,《中国高教研究》2019 年第 9 期。

亦即在本书中,所讨论之"学科"是指面向高等教育或大学教育层面的"大学学科",意即"学科"是"大学的功能单元"。因此,本书中所称学科特指"大学学科",即"围绕办学定位、教师、学生三大因素及其相互关系建构的知识体系"。① 其包括三种功能形态,即"根据人才培养需要组织起来的专门的知识体系""根据科研发展要求所建构的知识范畴""根据社会服务需要所形成的以解决社会问题为目的的知识领域",以及四种存在形式即"学科的组织化""学科的层次化""学科的定向化""学科的项目化"。② 从这一概念的内涵看,其与教育地理学是在高等教育领域生长、在大学学术场域发展的客观现实和学科需求是高度吻合的。

(二)学科属性

"学科属性"是一个偏正式短语,可称为学科的属性。因此,要阐释学科属性,应首先辨析与回答"什么是属性"?

"属性"是一个关涉多学科的语词,在不同的学科范畴,其理解各有所差异。从语词学来看,在现代汉语中,若将"属"和"性"分开解析,其"属"有"类别、归属"及"属概念"的意思,而"性"则含"禀性、本性、特点"等意义。基于这个理解,《现代汉语词典》将"属性"表述为"事物所具有的性质、特点"③。而在哲学范畴,所谓"属性"是相对于物质客体而言的,是一个很广泛的范畴,意即"凡是能表示一个物质客体的性质、关系、功能、行为、状态等,并因而使物质客体与另一些物质客体彼此相似又与别的一些物质客体彼此相异的一切东西都是该物质客体的属性",按其作用的性质、重要的程度、适用的范围不同,可分为根本属性、一般属性、特殊属性三大类。④ 具体而言,在西方哲学

---

① 别敦荣:《论大学学科概念》,《中国高教研究》2019 年第 9 期。
② 别敦荣:《论大学学科概念》,《中国高教研究》2019 年第 9 期。
③ 中国社会科学院语言研究所词典编辑室编:《现代汉语词典》(第 7 版),商务印书馆 2016 年版,第 1215 页。
④ 柳长铉:《哲学范畴系统论》,延边大学出版社 1990 年版,第 30—35 页。

中,属性一般指"实体的本性",即属于实体的本质方面的特性;① 在马克思主义哲学中,"属性指事物本身所固有的性质,如运动是物质的根本属性"②。另外,在逻辑学领域,"属性"是指事物的性质和事物间的关系的统称③,比如颜色、形状、大小、上下等。④ 通常,事物有许多属性,主要有本质属性和非本质属性之分,所谓本质属性就是决定一事物之所以成为该事物并区别于其他事物的属性,所谓非本质属性就是对事物不具有决定意义的属性。⑤ 换言之,"一个个别事物是有许许多多的性质和关系的。这些事物的性质和关系,就统称事物的属性"⑥。综上所述,本书中的学科属性就是指学科的归属和特质。

(三)学科体系

根据系统论的理论认知,体系就是指一定范围内同类或相关事物按照一定的秩序或者某种内在联系合组成的有机整体。⑦ 而学科体系就是关于"学科"的体系,是针对"学科"这一特定对象领域而言的。在学科实践中,学科体系主要包括两个方面:一是某一学科的学科知识体系,二是某一学科的非学科知识体系。其二者遵循一定的内在逻辑联系合组成一个有机整体,就构成了某一学科完整的学科体系图景。其中,学科知识体系就是指在某一知识或科学领域内根据其内在逻辑联系或者关联性组成的具有学术特征的科学知识体

---

① 辞海编辑委员会编:《辞海》(增补本),上海辞书出版社 1983 年版,第 1208 页。
② 夏征农主编:《辞海》,上海辞书出版社 1989 年版,第 1212 页。
③ 吴家国主编:《普通逻辑原理》,高等教育出版社 1989 年版,第 25 页。
④ 《数学辞海》编辑委员会编:《数学辞海·第一卷》,中国科学技术出版社 2002 年版,第644 页。
⑤ 吴家国主编:《普通逻辑原理》,高等教育出版社 1989 年版,第 25 页。
⑥ 邓启光:《第一讲 如何理解〈概念的内涵和外延〉》,《天津师范学院学报》1981 年第1 期。
⑦ 张维:《试论发展和完善我国成人教育体系问题》,《北京成人教育》1993 年第 3 期。

系。换言之,"学科知识体系,说到底是一个可以分门别类的知识系统"。[①] 其在内涵上具有广义和狭义之分。在广义上,学科知识体系就是由某一知识或科学领域内相关理论、概念、原理、方法等结成的宽泛研究框架,正如王健认为"所谓学科体系是与学科相关的概念、原理、方法的体系化"。[②] 在狭义上,学科知识体系"就是指实际存在的显性知识和隐性知识"即具体知识内容。[③] 而非学科知识体系,就是因应某一学科发展要求而围绕队伍建设、人才培养、专业建设、学术刊物、学者社团等形成的知识规训制度和组织建制,亦即与学科发展紧密相关的外部因素。

综上,本书所称学科体系,实际上就是指学科知识体系,即教育地理学的学科知识体系。同时,为了研究的需要和学科建设路径优化的需要,本书将在教育地理学学科知识体系解构的基础上,对教育地理学的非学科知识体系进行具体分析,为构建一个学科知识体系和非学科知识体系有机整合的完整的教育地理学学科体系奠定基础。

二、研究的理论基础

理论基础是认识、分析和解决问题的重要依据。在特定问题的分析阐释上,离开了理论就难免陷入"就事论事"的浅表描述。在此,我们着力对本书所使用的理论进行相应阐释,并对其在本书中的应用加以分析说明。

(一)人地关系理论及其在本书中的应用

客观上,一切人类活动都必然在地表空间范围展开。可谓人地关系是与

---

① 高志敏:《成人教育学科体系论》,上海教育出版社 2017 年版,第 90—91、164 页。
② 王健:《我国教师教育学的逻辑起点研究及学科体系构建》,华东师范大学博士学位论文,2009 年。
③ 姜大源:《学科体系的解构与行动体系的重构——职业教育课程内容序化的教育学解读》,《教育研究》2005 年第 8 期。

人类社会相生相伴并持续演化的客观关系。就其本质而言,人与地是一个相互影响、相互制约、相互作用的统一整体,也是一个共时发展和历时演进耦合的动态有机体。在人类历史进程中,人地关系一直是地理科学的重要研究主题。以此为基础建构的人地关系理论是地理科学的哲学基础和人文地理学的核心理论,并随人类社会发展而不断丰富完善。

1. 人地关系理论概述①

在人地关系的理论探索过程中,建构了多个不同思想内涵的人地关系理论,主要有强调自然环境决定性的"地理环境决定论"、贬低地理环境作用的"生产关系论"或"唯意志论"、强调人地交互的"可能论、适应论、生态论、协调论"。② 这些理论或论断在不同的历史时期产生了特定的理论效应即对人地关系的影响。基于研究需要,具体从地理环境作用和人地交互两个层面对人地关系理论作简要概述。

(1)从地理环境作用看,拉采尔等人主张的地理环境决定论认为:"自然环境对人类社会发展(包括政治、经济)起绝对支配作用。"③其先后强调气候④、物质因素⑤、位置、空间、界限等自然环境因素对人类⑥的决定性作用,过分夸大了环境因素的力量,具有理论的"极端性"。但是,作为客观存在的自然地理环境对人类的影响是必然存在也是客观存在的,探索和考量地理环境对人类活动的适度影响却有一定的理论意义和实践价值,抛却地理环境空谈人地关系必然会走向"地理虚无主义",不利于人类正确认识自身的活动行为。⑦

① 陈慧琳主编:《人文地理学》(第3版),科学出版社2013年版,第10—18页。
② 金其铭等编著:《梦返伊甸园:人地协调论》,山东教育出版社1993年版,第15页。
③ 陈慧琳主编:《人文地理学》(第3版),科学出版社2013年版,第12页。
④ 金其铭等编著:《梦返伊甸园:人地协调论》,山东教育出版社1993年版,第16页。
⑤ 曹诗图:《孟德斯鸠并非地理环境决定论者——重读〈论法的精神〉一书》,《科学学研究》2000年第4期。
⑥ 董新:《论孟德斯鸠的人地观》,《经济地理》1989年第3期。
⑦ 陈慧琳主编:《人文地理学》(第3版),科学出版社2013年版,第13页。

（2）从人地交互作用看，可能论、适应论、生态论、协调论等理论思想都从不同角度探索并强调人地联系统一，既强调人地统一中"人"的能动因素，又看到"地"的客观影响，其理论重点就在于揭示人地之间的交互作用机制，促进人地适应、调控、协调、协同。具体从四个层面解析：其一，从可能论看，白兰士等认为"自然为人类居住规定了界限，为人类发展提供了可能性""自然是固定的而人文是不定的，二者关系随时代演进而变化"，亦即环境仅仅提供可能性选择，而如何利用其"可能性"在于人的主动选择能力，其在理论内涵上尽管仍有"人地关系因果链"的思想弊端，但肯定了人的能动性及能动改变调节自然的可能。① 其二，从适应论看，罗士培等从人文地理学角度提出的"人对其周围环境的适应和一定区域内人地相互作用"的理论观点，蕴含了初步的人地协调思想。其三，从生态论看，巴罗斯等基于人类生态学认为，人是人地关系的中心命题，应当关注人类对自然环境的反应，强调人地关系中人对地理环境的认识和适应，为以协调人口、资源、环境、社会的发展为目标的现代生态论奠定了基础。其四，从协调论看，人地协调既强调人类更能顺应地理环境规律、更加充分合理利用地理环境，又强调人类对现代社会不协调、不和谐的人地关系进行调控、调整，②其基本观点主要包括人对地的依赖性、"人—地"协调与"人—人"协调互为条件、动态协调与可持续发展。在本质上，人地协调就是要在人地交互中实现互惠共生、和谐协同、持续发展。③

综上所述，人地关系理论研究的主要内容就是"人与地的相互关系"，亦即从"人"的视角探讨人类自身活动对地理环境要素的能动影响（顺应适应与能动改造），从"地"的视角分析地理环境要素对人类自身活动的客观影响（规制约束与运行驱动），从"人地综合"的视角解构人类社会活动与地理环境的交互关系及其演进机制。从理论演进看，人地关系理论从传统地理环境决定

---

① 陈慧琳主编：《人文地理学》（第3版），科学出版社2013年版，第13页。
② 金其铭等编著：《梦返伊甸园：人地协调论》，山东教育出版社1993年版，第31页。
③ 陈慧琳主编：《人文地理学》（第3版），科学出版社2013年版，第18页。

论发展至今的人地协调论,彰显了人类自身对地理环境和自身活动的认识水平在不断提高,使人们更加清晰地认识到人对地的依存性和能动性。只有在"人地协调共生"的理念引领下,人类社会才能实现可持续发展,人地关系也才能实现协调发展。①

2. 人地关系理论在本书中的应用

从前述主要人地关系理论的核心观点展开,我们可以在一定程度上明确以下基本认识。

第一,教育作为人类社会的一种实践活动和客观存在的人文地理事象,总是在一定地理环境基础上产生、发展的,离开地理环境的任何教育活动都是不可能存在的。因此,在客观上,地理环境对教育活动的影响和制约是必然存在的,在地理虚无主义的基础上讨论教育活动将毫无意义,这与地理环境决定论的基本逻辑具有某种一致性,典型如教育设施布置的区位选择。当然,随着工程技术、网络信息技术等现代科技的快速发展,自然地理要素对教育活动的影响程度有所减弱,而教育活动更多的是受人文地理要素的影响。

第二,根据地域分异规律,不同区域的地理要素存在明显的地域差异,必然造成不同区域的教育承载能力不一样,而且某些地理要素是不可能复制模仿再生的。因此,从教育整体看,一个区域的教育总量、规模、结构、层次等要素必须要与其区域承载能力相适应,超负荷、超规模、超能力的教育布局必将造成区域负担,典型如自然条件恶劣、生态环境脆弱的区域不宜布设或者配置过多的高等教育。进一步看,受地理要素地域分异规律的影响,不同区域的教育布局、规模、结构、层次必然有所不同,形成区域差异,典型的如我国东部地区教育发展水平显著高于西部地区。在本质上,区域差异是客观存在的。当这种差异保持在适度水平的时候,教育在区域间会趋向协调,否则就会走向失衡,造成区域教育发展的"马太效应",甚至造成教育系统的"破窗效应"。因

① 陆大道、樊杰:《区域可持续发展研究的兴起与作用》,《中国科学院院刊》2012 年第 3 期。

此,追求区域间教育协调发展就成为教育发展的目标之一。

第三,"教—地"关系(即教育与地理环境的关系)是人地关系的重要组成部分,折射的是"人—地"互动关系,在内涵上可将其分解为"区域教育整体"与该区域地理的关系、"各级各类教育"与该区域地理的关系、"特定历史阶段教育"与该区域地理的关系。而参与教育实践活动的主体就是"人"自身,类似人地关系中的"人"。这里的"人"是指社会性的人,是指在一定生产方式下从事各种生产活动和社会活动的人,是指有意识同自然进行物质能量交换的人,也是指在一定地域空间内活动的人类圈。当不同的"人"(教育活动主体,包括教育者和受教育者)与特定地域的教育结合,就形成了相应的"教—地"关系领域,比如儿童教育地理、教师教育地理、老年教育地理、特殊(残障人士)教育地理,等等,其必然生长相应的教育地理知识。

第四,教育与地理的协调平衡是一种动态的协调平衡,不可能一蹴而就,也不可能永固不变。因此,要促进教育与地理的协调,实现教育可持续发展,就需要在内在驱动机制作用的基础上,发挥外在机制驱动作用。从地理环境对教育的影响因素看,在社会经济稳定条件下,对教育发展影响较大的因素是政策制度,意即政策制度对教育地理实践有较大影响。鉴于此,我们就要发挥主观能动性,通过政策改革调整教育资源供给,适应相应区域发展要求,比如实施义务教育均衡、农村地区教育政策倾向、地方高校布局调整、区域教育合作、边境教育合作等,其根本目的在于对不协调的教育地理关系进行调整。

(二)人地关系地域系统理论及其在本书中的应用

人地关系地域系统理论是地理学的重要基础理论,引领了我国人文地理学与经济地理学的健康发展,①也对全球人文地理学与经济地理学的发展产

---

① 樊杰:《"人地关系地域系统"是综合研究地理格局形成与演变规律的理论基石》,《地理学报》2018 年第 4 期。

生了深刻影响。①

1. 人地关系地域系统理论概述

吴传钧先生长期从事人文地理及经济地理研究工作。他在其早期研究中就曾提出"土地利用是一个自然与人文结合紧密的复杂系统,是农业地理学的研究核心"。② 1981 年,吴传钧先生提出"'人—经济—自然'系统是一个多学科相互交错的研究领域。地理学家着重研究人地关系的地域系统,这正是地理学的中心研究课题",并指出研究人地关系地域系统的主要方法(包括分类、区划、评价、定量分析与建立模式)和今后研究任务,即"人地关系地域系统本身是动态的,会随着人类改造利用自然的种种活动而发展变化,其内容将变得愈来愈丰富,从而提交地理工作者的新任务将层出不穷"③。在此基础上,吴传钧先生于 1991 年进一步作了深化阐释"人地关系地域系统是由地理环境系统和人类活动系统交错构成的复杂的开放的巨系统,是以地球表层一定地域为基础的人地关系系统,也是人与地在特定的地域中相互联系、相互作用而形成的一种动态结构,是地理学研究的核心"。④

从概念知识构成看,"人地关系地域系统"中的"人"是指现实社会中的"社会人",可能动地认识、利用、改造地理环境;"地"是人类赖以生存的物质基础和空间载体,制约着人类活动的深度、广度、速度⑤;"地域"是地球表层的一部分,是自然地理与人文地理综合作用的有机体。⑥ 对其展开研究的目的就在于"探求系统内各要素的相互作用及系统的整体行为与调控机理,这就需要从空间结构、时间过程、组织序变、整体效应、协同互补等方面去认识和寻

---

① 陆大道:《向 100 年来为国家和人类做出贡献的地理学家致敬:纪念"中国地理学会"成立 100 周年》,《地理学报》2009 年第 10 期。

② 吴传钧:《农业地理学发展述要》,《地理环境研究》1989 年第 1 期。

③ 吴传钧:《地理学的特殊研究领域和今后任务》,《经济地理》1981 年第 1 期。

④ 吴传钧:《论地理学的研究核心——人地关系地域系统》,《经济地理》1991 年第 3 期。

⑤ 吴传钧:《人地关系地域系统的理论研究及调控》,《云南师范大学学报(哲学社会科学版)》2008 年第 2 期。

⑥ 刘彦随:《现代人地关系与人地系统科学》,《地理科学》2020 年第 8 期。

求不同尺度人地关系系统的整体优化、综合平衡、调控机理"①,其研究的核心范畴就是人类活动与自然环境的相互作用关系,关键在于探讨人地交互的地域性、系统性、可调控性②。借此可知,人地关系地域系统必然是综合研究地理格局形成与演变规律的理论基石③。

人地关系地域系统理论提出以来,引起学界高度重视和深入研究,使其形成更加完善的理论模式。其中,较具代表性的是地理学者刘彦随对人地关系地域系统理论梳理提炼的人地关系地域系统理论模式(HERRS)(见图1.3),

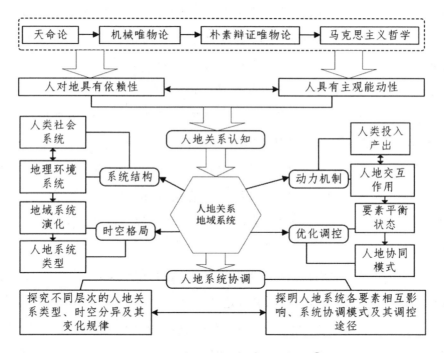

图1.3 人地关系地域系统理论模式④

① 吴传钧:《论地理学的研究核心:人地关系地域系统》,《经济地理》1991年第3期。
② 毛汉英:《人地系统优化调控的理论方法研究》,《地理学报》2018年第4期。
③ 樊杰:《"人地关系地域系统"是综合研究地理格局形成与演变规律的理论基石》,《地理学报》2018年第4期。
④ 刘彦随:《现代人地关系与人地系统科学》,《地理科学》2020年第8期。

该模式包括人地关系认知、人地系统理论、人地系统协调等循序渐进的3个有机组成部分。近年来,人地关系地域系统的理论应用日益与可持续发展研究结合,成为地理科学研究的前沿课题。

2. 人地关系地域系统理论在本书中的应用

教育地理学是生长在教育学与地理学的交叉融合地带的科学知识体系,是教育—地理互动的产物,在根本上是教育和地理两个系统的交互作用。根据人地观的一般认识,人地关系系统由"人"和"地"两个巨系统组成。其中"人"这个系统由各种各样的人类活动合组,"地"这个系统通常由"自然地理环境系统"(包括气候、位置、自然资源等诸要素)和"人文地理环境系统"构成。① 从这个意义上来看,教育活动本身就是人文地理环境系统的子系统,其又由更低一级的系统组成。进一步看,在人地关系系统中,作为人文地理要素的教育活动(系统)及其要素与特定地域的诸类地理要素结合,就形成了各种各样的教育与地理的交互关系,典型的如学前教育与地理的关系、初等教育与地理的关系、中等教育与地理的关系、高等教育与地理的关系、老年教育与地理的关系等。借此可知,教育与地理的关系即"教—地"关系是人地关系的组成部分,换言之,"教—地"关系与人地关系是部分与整体的关系。

基于上述分析,教育与特定的地域系统交互作用就形成了教育地域系统。根据人地关系地域系统的认知,教育地域系统就是"地表范围内教育活动(及其内部构成)与地理要素相互影响、相互作用而结成的特定功能体"。按照由一般到具体的演绎的逻辑原则,"教—地"关系是人地关系的具体化或特殊化,教育地域系统是人地关系地域系统的具体化或特殊化,教育地理学的研究对象和研究核心是地理学研究对象和研究核心的具体化或特殊化。在这一逻辑基础上,教育地理学的研究对象就是地球陆地表层的教育空间系统,教育地

---

① 杨青山、梅林:《人地关系、人地关系系统与人地关系地域系统》,《经济地理》2001年第5期。

理学的研究核心就是人地关系教育地域系统。①

（三）教育内外部关系规律及其在本书中的应用

教育内外部关系规律是潘懋元先生在"教育与人的发展、社会发展的关系"的研究探索中提出的重要教育理论②,亦即"人的发展"层面的"教育内部关系基本规律"和"社会发展"层面的"教育外部关系基本规律"③,为展开教育问题特别是教育环境问题的多维度分析提供了理论依据。④

1. 教育内外部关系规律概述

教育系统是一个复杂的开放的社会子系统,其运行发展涉及系统内部和外部多种因素的影响和制约。因此,考察教育问题、分析教育现象、研制教育方案、开展教育活动,都必须观照教育系统的内外部因素。从内部看,影响教育发展的因素包括教育者的素质能力(身心特点、专业水平、职业精神及其彼此间的关系特点)、学习者的身心特点(智力、体力、心理状态及其彼此间的关系特点)、教育者与学习者的互动关系(师生关系)、管理者与被管理者的交互关系(管治关系)等诸多方面。可见,教育内部关系是多维度的、多层面的、复杂交错的,其规律就是各种关系(因素)之间的本质联系,主要表现在"一方面受制于学习者身心发展规律和特点,一方面又要对学习者身心发展发挥作用"⑤,亦即"教育内部关系规律"。从外部看,教育作为社会系统的组成部分,必须与社会发展相适应,意即其"既要受一定的经济、政治、文化、科技等所制约,又要为一定政治、经济、文化、科技服务"。⑥ 因此,教育只有在合理程

---

① 潘玉君等:《教育地理区划研究:云南省义务教育地理区划实证与方案》,科学出版社2015年版,第1页。
② 张应强:《教育内外部关系规律及其对高等教育学学科建设的意义》,《山东高等教育》2015年第3期。
③ 杨德广主编:《高等教育学概论》,华东师范大学出版社2002年版,第55页。
④ 潘懋元主编:《新编高等教育学》,北京师范大学出版社2009年版,第43—49页。
⑤ 潘懋元主编:《新编高等教育学》,北京师范大学出版社2009年版,第50—51页。
⑥ 肖海涛、殷小平编:《潘懋元教育口述史》,北京师范大学出版社2007年版,第180页。

度和适当范围内受到一定经济、政治、文化、科技的制约才有可能对其发挥应有的作用。在客观实践中,制约教育发展的因素繁多,诸如政治制度、经济发展程度、社会生产力水平、科技发展水平、社会制度、地域文化、人口、民族、宗教、自然条件、资源、生态环境等①。与此同时,教育又通过人才培养、科学研究、社会服务、文化传承等职能对经济社会发展发挥作用。这即为"教育外部关系规律"。

基于上述分析,教育内外部关系规律是教育的基本规律。教育活动欲保持持续稳定发展必须寻得教育内部关系规律和教育外部关系规律的综合运用,否则就难以彰显"起作用"与"适应"的理论诉求。进一步看,教育与社会经济的"适应",是全面的、主动的、积极的适应,而非片面的、被动的、消极的适应。只有正确把握好教育与社会经济发展的"适应"关系才能在研究解决教育问题、指导教育实践时运用得当,并对许多复杂的教育现象、教育问题研判得比较透彻,从而作出正确决策。②

2. 教育内外部关系规律在本书中的应用

从前述教育内外部关系规律理论的核心观点展开,我们可以在一定程度上明确以下基本认识。

(1)区域教育要充分考虑区域内受教育者(学习者)的身心发展规律和实际需求。教育内部关系规律明确指出,教育要与受教育者的身心发展规律相匹配,充分考虑受教育者的身心发展规律。不同区域的受教育人口,因家庭教育文化资源禀赋、区域经济社会发展水平、教育发展水平、历史传统文化的区域差异,而存在身心发展水平和教育需求的差异,因此在区域教育发展过程中,要做到"因地制宜""因材施教",典型的如少数民族地区教育、贫困地区教育、农村地区教育、边境地区教育必须考虑其区域教育人口身心发展状况和对教育的实际需求。因此,建构教育地理学学科体系时,应观照区域教育的细分领域。

---

① 潘懋元、王伟廉主编:《高等教育学》,福建教育出版社 2000 年版,第 37 页。
② 段从宇:《资源视角的高等教育区域协调发展研究》,大连理工大学博士学位论文,2015 年。

（2）充分考虑教育发展与区域经济社会发展的交互作用。按照教育外部关系规律，教育发展必然与其经济社会发展存在作用与反作用的关系。一方面，教育受政治、经济、文化、人口、生产力、科技等因素的影响和制约；另一方面，教育又影响和促进政治、经济、文化、人口、生产力、科技等要素的发展。从这个意义上看，不同尺度的区域教育发展，典型的如教育布局、教育结构、教育层次、教育规模等必须与域内政治经济、社会文化、人口状况、科技水平相适应。在条件允许的情况下，可以考虑教育的适度超前发展。但教育的过度膨胀和过于压抑都是不可取的。因此，在教育地理学学科体系构建中，要充分考虑教育区域、教育功能区建设、区域教育规划等现实问题，为区域经济社会发展提供理论支撑。

（四）交叉学科理论及其在本书中的应用

交叉学科是在单一学科知识难以解决复杂问题的现实需求下催生的不同学科间的知识交融整合，即每个跨学科的学科都是由不同学科相互联系、相互作用而形成的独立学科，而每门具体的交叉学科又通过其不断发散与聚合运动衍生出众多的分支学科。①

1. 交叉学科理论概述

学科交叉本身是科学活动，其以形成交叉学科为最终目的。回顾交叉学科发展历程，交叉学科与近代科学发展紧密相连、相伴而兴。20 世纪 20 年代，美国心理学家 R.S.Woodworth 创立的词语"Interdisciplinary"，标志"交叉科学"正式出现，美国社会科学研究理事会将其定义为包含两个及以上的学科（学会）的研究。② 伴随学科不断整合分化的历史趋势，国内外学者在 20 世纪 60 年代后出版了许多跨学科的理论研究成果③，如 Julie Thompson Klein 在著

---

① 赵晓春等：《文理交叉学科的跨学科理论和实证分析》，《安徽警官职业学院学报》2014 年第 1 期。
② 朱丽：《交叉学科知识结构特征及其知识交互关联性分析——以地理信息领域为例》，南昌大学硕士学位论文，2020 年。
③ 唐磊：《理解跨学科研究：从概念到进路》，《国外社会科学》2011 年第 3 期。

作《跨越边界——知识、学科、学科互涉》①和《跨学科：历史、理论和实践》②中探讨了跨学科发展的理论与实践。此后国际上出现了大批研究交叉科学的学术研究中心和跨学科研究成果，而我国也有《跨学科学导论》《跨学科研究引论》《现代交叉科学》等成果问世。

从知识体系化看，交叉学科主要是指学科门类以下具有交叉性特征的科学知识子系统③。交叉学科就是"两个或以上不同学科间发生理论与方法的互相渗透，以遵循科学规律为前提，经实践证明形成了更有效的学科群体，其应用过程就是新学科的诞生过程"，④具有交叉学科形成的跨学科性、交叉学科体系的独立性、交叉学科属性的偏序性。根据学科间的交叉程度，一般可将交叉学科分为比较学科、边缘学科、软科学、综合学科、横向学科、元学科六种⑤。这些交叉学科可以通过四种模式实现：①从结构形式上看，交叉学科可以分为非交叉结构形式（即单科称谓的综合性学科，如人才学）和交叉结构形式（即按交叉的学科数，分为二交叉、三交叉、四交叉等，既可同级交叉也可跨级交叉）两种形式；②从交叉学科组成的方向特性看，可分为纵向交叉和横向交叉两大系列，其中纵向交叉是指某一系统内各不同层次的学科及其要素沿纵深方向交叉，横向交叉可按交叉学科间距离的远近区分为同体系交叉（一级类大学科体系内交叉）和跨体系交叉；③从交叉学科的系统性特点看，可分为内交叉（学科系统内部的学科交叉）和外交叉（学科之间或分支学科间的交叉）两大类；④"逆反交叉"即颠倒学科的前后秩序，如物理化学、化学物理。

---

① ［美］朱丽·汤普森·克莱恩：《跨越边界——知识、学科、学科互涉》，姜智芹译，南京大学出版社 2005 年版，第 1 页。

② Julie Thompson Klein, *Interdisciplinarity: History, Theory, and Practice*, Detroit: Wayne State University Press, 1990, p.21.

③ 王续琨等：《交叉科学结构论》，人民出版社 2015 年版，第 9 页。

④ 郑晓瑛：《交叉学科的重要性及其发展》，《北京大学学报（哲学社会科学版）》2007 年第 3 期。

⑤ 刘仲林：《现代交叉科学》，浙江教育出版社 1998 年版，第 82—84 页。

2. 交叉学科理论在本书中的应用

众所周知,教育学和地理学都是较为成熟独立的单一学科,具有特定的学科价值、学科特性、研究对象等学科要素。由此可见,教育地理学就是教育学和地理学"二元交叉"的结果。遵循交叉学科理论的一般认知,作为交叉学科的教育地理学可进行再交叉,形成纵横交错的庞大的学科群。进一步看,教育和地理本身是一个庞大的系统,两者构成要素的相互联系、相互作用必将形成新的交叉学科。具体来看,若按教育的不同类型和层级,可在教育地理学内部交叉形成学前教育地理学、初等教育地理学、中等教育地理学、高等教育地理学等;若按同级学科的交叉,教育地理学可与经济地理学、政治地理学、人才地理学、文化地理学、人口地理学等进行交叉,形成教育经济地理学、教育政治地理学、教育人才地理学、教育文化地理学、教育人口地理学等。

三、研究的分析框架

分析框架是介于理论基础和研究内容之间的桥梁和纽带,是建立在既有理论对解决实际问题理论指引性分析基础上的,一整套研究"提出问题—分析问题—解决问题"的理论范式。结合研究实际,围绕"传统学科评判范式"和"现代学科评判范式"的有机统一,特构建本书的基本分析框架如下:

(一)基于学科评判范式的分析框架

"学科"古已有之,但作为制度化的学术学科却是 19 世纪末期之事。客观而言,学科制度化是适应了 19 世纪工业大革命和社会化大生产对科学知识生产的迫切需求,正如学者方文所言:"特定学科的独特尊严和合法性的建构,有赖于特定学科的理智进展和学科制度的完善。"①伴随学科制度化趋势,

---

① 方文:《社会心理学的演化:一种学科制度视角》,《中国社会科学》2001 年第 6 期。

科学知识向学科化、专业化、体系化发展,学科评判的传统标准由此应运而生。在人们长期的知识积累和学科分化确认的过程中,形成了典型的学科评判传统范式标准①。学科评判传统范式认为,判断一门学科是否成立或发展状态,应从内在标准和外在标准两个标准统合考虑评判。具体来看,其内在标准就是学科要有"独特(或独立)的研究对象、研究方法、理论体系",属于学科评判的根本标准,体现的是学科知识积累的内在本质和知识体系化的内部合法性;其外在标准就是"有一定数量的研究队伍,相应的学术组织,相应的出版物,有社会实际需要",②属于学科评判的外在标准,体现的是学科知识会聚并体系化的外部合法性。

运用学科评判传统范式,对教育地理学的学科发展状态及学科体系进行解构,可以准确判断教育地理学的学科化水平和发展阶段。从这个意义上看,教育地理学作为一门学科是否成立,必须满足上述"两个标准"。首先,基于内在标准,教育地理学作为一门学科理应具有独特的研究对象、研究方法、理论体系。而从教育地理学的现实考察看,其无论是在研究对象、研究方法还是在理论体系方面,都是一门尚未完全独立而成熟规范的学科。在研究对象上,既有研究存在教育地理学是研究"教育产业与地理环境之间的关系""空间、环境两个核心内容""教育的地理现象或问题""地球表层的教育空间系统""一定区域范围内教育事象与地理环境的关系""具有地理学意味的教育现象或教育问题""教育地域系统"等多种认识,显然缺乏独特性表达。在研究方法上,截至目前教育地理学尚未形成符合本体特性、内在逻辑和话语表达的研究方法,其研究方法基本是混沌、漂浮、游离于教育学、地理学的既有研究方法,甚至直接搬用。在理论体系上,教育地理学总体是一门"理论滞后于实践"的学科,在极其稀少的理论研究成果中也未有充分的理论基础阐释,多数

① 燕新:《高等教育学学科评价标准研究》,《医学教育探索》2005 年第 3 期。
② 黄新斌:《学科评判标准发展的逻辑进路——从以内统外、范式翻转到视域融合》,《重庆高教研究》2021 年第 1 期。

是参照地理学的基本理论。

其次,基于外在标准,教育地理学要走向独立和成熟,必须具备"有一定数量的研究队伍,相应的学术组织,相应的出版物,有社会实际需要"等基本条件。在研究队伍上,教育地理学创生后,特别是在 20 世纪 90 年代后,越来越多的学者参与到教育地理学的研究中,但从研究成果看,绝大多数学者进行的是教育地理应用研究,只有极少的学者持续展开过教育地理理论研究,其中我国学者罗明东教授是其理论研究的典型代表。在学术组织上,通过对国外主要发达国家的考证分析,国外目前尚未有专门的教育地理学教育教学机构、研究机构、研究协会、专业学会,而我国则从 2011 年在云南师范学地理学一级学科博士点下设置"教育地理学"二级学科博士点,而后成立了云南师范大学教育地理研究所,开展了教育地理学课程教学,开启了教育地理学专业化发展的历史篇章,但遗憾的是该校在 2019 年暂停了教育地理学专业的硕士、博士招生,且教育地理学研究协会、专业学会至今未组建。在出版物上,学界先后出版了《教育地理学》(罗明东,2003)、《义务教育发展区域均衡系统研究(第1 卷):区域教育发展及其差距实证研究》(潘玉君等,2007)、《义务教育发展区域均衡系统研究(第 2 卷):区域教育发展及其均衡对策研究》(潘玉君等,2007)、《高等教育区域均衡发展研究:基于云南省和谐社会建设的视角》(伊继东等,2009)①、《教育地理区划研究:云南省义务教育地理区划实证与方案》(潘玉君等,2015)、《中国高等教育区域协调发展研究》(段从宇,2015)、《教育地理学:教育研究中的尺度、空间和位置》(Geography of Education : Scale , Space and Location in the Study of Education ,Colin Brock,2016)等相关著作,推动了教育地理学的发展,但至今没有教育地理学的专业报刊,一定程度上阻滞了学科的专业化发展。在社会实际需要上,教育地理学是更多偏向实践驱动的学科,其创生与发展本就是因应教育空间布局、区域教育发展不平衡、教育

---

① 伊继东等:《高等教育区域均衡发展研究:基于云南省和谐社会建设的视角》,科学出版社 2009 年版,第 1 页。

区划等实践问题的破解需要,在未来社会教育发展需求的持续增加,对教育地理学学科专业理论及解决方案必有更多实际需要。统合起来看,教育地理学仍然是一门不成熟、不完善的新型交叉学科。

然而,在现代科学实践中,特别是20世纪中叶以来,科学技术发展呈现高度分化又高度综合的趋势,不仅学科划分更加精细,也涌现并推动了横断学科、综合学科、边缘学科和交叉学科等一大批新兴学科。① 基于现代科技实践需要,人们对学科评判的传统范式的解构机理展开了深刻的批判性反思,形成了因应科技深刻变革、符合现代科技实践需要、与传统范式相对的学科评判现代范式。这一范式突破了传统范式学科知识内部演化的一般逻辑,更加强调学科外在建制(外因)对学科地位的决定性作用,其主要观点体现在四个方面:一是以社会需要作为学科演化和发展的动力,学科成立与否取决于所研究问题的性质和实践目的,学科评判中原来起决定作用的内在标准被抛弃,学科建设主要遵循社会需求的外部逻辑;二是以重大问题或综合性主题为研究对象,某门知识涉及利益广泛,对国家和社会具有重要价值,就提高其地位确立学科建制,集聚资源加强建设,促进其快速发展以更好地服务于国家和社会发展大局;三是以研究和解决现实问题的应用研究为主,多元研究范式与多样性理论成果并行不悖;四是广泛开展多学科(或跨学科)研究和交叉研究,没有学科独有的研究方法。②

从学科评判现代范式的上述逻辑理路看,判断一门学科是否成立或者成熟,关键在于条件支持、资源保障、政策扶持、学术共同体等外在建制及由此驱动的现代科学知识生产、积累、汇聚。在这个层面上,教育地理学的形成与发展理应立足社会需要、解决实际问题。运用学科评判现代范式,对教育地理学的学科发展状态及学科体系进行解构,可以准确判断教育地理学的学科化程

---

① 袁曦临:《人文社会科学学科分类体系研究》,南京大学博士学位论文,2011年。
② 张应强:《高等教育学的学科范式冲突与超越之路:兼谈高等教育学的再学科化问题》,《教育研究》2014年第12期。

度。具体可作如下解析:从研究问题看,教育地理学从最初探讨的教育土地使用,到后来的学校选址及布点,再到现今的教育空间研究,都是致力于教育地理的实际问题,满足教育地理的实际需要,具有极强的实践性和目的性。从研究对象看,教育地理学通常面临重大的或综合性的教育问题破解任务,典型的如我国农村地区教育发展问题、西部地区教育发展问题、薄弱学校教育发展问题,以及区域教育发展不平衡、城乡教育发展不平衡、校际教育发展不平衡等问题;又如义务教育基本均衡、区域高等教育协调发展,等等,关系国家经济社会发展大局,需要强化学科建制,提高学科地位,集聚整合多方面资源重点攻关、联合攻关。从研究范式看,教育地理学躬耕于教育地理实践问题研究探索,多采用地理学、教育学、人类学、民族学、社会学、经济学等多元研究范式,形成了诸多的区域教育空间布局、协调均衡方面的应用解决方案,但基础理论研究却始终滞后,正如罗明东教授所称"教育地理学是一门理论滞后于实践的典型学科"。从研究方法看,教育地理学没有独立(独特)的研究方法,现有研究侧重于跨学科研究方式和多学科研究方式已经说明了这一点。概言之,按照学科评判的现代范式,教育地理学基本符合现代学科的基本特征和特性,应该是一门客观存在的独立的现代交叉科学或学科。当然,从总体来看,教育地理学也不是一门成熟的现代学科,其研究范式、理论研究等尚未真正实现与实践发展需要和应用研究"并行不悖"和"等量齐观"的理想格局。

综上,无论是从学科评判的传统范式观测,还是从学科评判的现代范式考察,教育地理学都是一门尚未成熟规范的交叉学科,但其本身也已具备一门学科的起点标准,亦即其初步具备外在建制,内部建制有望建成,属于符合起点标准的应然学科。在未来建设发展中,教育地理学应坚持学科研究与问题研究协同推进、包容发展,构建以"教育地理学"本体为主、"教育学、地理学等缘起学科及人类学、民族学、社会学等相关学科"为用的交叉学科研究、跨学科研究、多学科研究,增强学科意识,更加强调学科的自觉自信①,促进本体知识生产,并保持积极的开放包容姿态和价值取向,主动融入和服务经济社会发展。

（二）基于既有文献研究的分析框架

既有文献是展开教育地理学的学科属性及学科体系构建研究的思想基础。通过既有文献分析,能有效探寻教育地理学学科知识的逻辑脉络,挖掘教育地理学理论知识的增长点和增长可能,形成本书的分析架构。

首先,既有文献研究对教育地理学学科属性及其学科体系研究的借鉴。在教育地理学学科属性的判别和教育地理学学科体系的构建上,国内外已有一些学者在研究过程中给出论断,尽管其研究体量比较小,且结论一致性不高、等位共识缺乏,也不能直接作为教育地理学学科属性的判断依据和学科体系的固定范本,但可在一定程度上为本书的教育地理学学科属性及学科体系构建提供理论参考。具体而言,从学科属性看,国内外主要学者几乎罗列了教育地理学可能或可以存在的"学科属性",涵盖了教育学及其分支学科、地理学及其分支学科、综合学科、交叉学科等多个学科视角（见表1.1）。这些学科属性判别的繁芜视角,尽管给人"模糊混沌"之感,但能为本书对教育地理学学科属性的判别标准的确定提供多学科视野和思路。从学科体系看,国内外仅有 3 位学者明确提出教育地理学学科体系（见表1.2）,可用"少得可怜"来形容,但却给教育地理学学科体系建设提供了思想源泉和理论模式。特别是著名教育地理学学者罗明东教授在系统研究基础上提出的教育地理学学科体系,是教育地理学学科演进中"学科体系"研究的"集大成之作",影响最大、地位最重,至今引领着教育地理学研究及学科建设。

综上,在交叉学科发展的新时期、新阶段,我们开展教育地理学的学科属

---

① 黄新斌:《学科评判标准发展的逻辑进路——从以内统外、范式翻转到视域融合》,《重庆高教研究》2021 年第 1 期。

性及学科体系的优化完善研究,必须充分借鉴其已有成果,特别是近 20 年来教育地理学发展取得的新成果,在零星之处作梳理完善。唯有如此,才能更好地推动教育地理学的传承接续、守正创新。

表 1.1 国内外主要学者对教育地理学学科属性的典型结论

研究主题	主要学者	学科属性
教育地理学	罗明东	教育学、地理学、中介学科
	Colin Brock、伊继东、姚辉	综合性学科
	Chris Taylor、John Furlong、Martin Lawn	教育学
	Laadan Fletcher	比较教育学
	Peter Kraftl、潘玉君、张谦舵、韩兴粉、肖翔	地理学
	Hones G、Ryba R、张东风	社会文化地理学
	Marsden W.E.	应用地理学
	Peter Meusburger、R.J.Johnston、张正江、袁振杰	人文地理学
	王秋玲	经济地理学
高等教育地理学	曲涛、王小会	社会科学、应用科学、软科学、交叉学科

资料来源:作者根据文献资料自编。

表 1.2 国内外主要学者对教育地理学学科体系的典型划分

主要学者	分支学科	文献来源	发表时间
王秋玲	教育地理学原理(概论)、学前教育地理学、初等教育地理学、中等教育地理学、高等教育地理学、职业教育地理学、普通教育地理学、特殊教育地理学、农业教育地理学、林业教育地理学、畜牧业教育地理学、工业教育地理学、医疗卫生教育地理学、商业教育地理学、区域教育地理学	河南教育学院学报(哲学社会科学版)	1995 年

续表

主要学者	分支学科	文献来源	发表时间
罗明东	教育地理学原理、世界教育地理学、中国教育地理学、省区教育地理学、城市教育地理学、农村教育地理学、边疆教育地理学、高等教育地理学、中等教育地理学、初等教育地理学、农业教育地理学、工业教育地理学、商业教育地理学、师范教育地理学、医疗卫生教育地理学、普通教育地理学、职业教育地理学、成人教育地理学、特殊教育地理学、民族教育地理学、教育科研地理学、区域教育科研地理学、教育报刊地理学、教育信息传播地理学、教育历史地理学、区域教育历史地理学	云南师范大学学报（教育科学版）	2001 年
尚志海	工业教育地理学、农业教育地理学、师范教育地理学、普通教育地理学、特殊教育地理学、成人教育地理学、世界教育地理学、中国教育地理学、地方教育地理学	云南地理环境研究	2008 年

资料来源:作者根据文献资料自编。(根据文献资料梳理和分析,截至目前,国外学者尚未明确提出过教育地理学学科体系,国内仅有 3 位学者提出过教育地理学学科体系。)

其次,教育地理学学科属性判别标准的确立。如前所述,教育地理学的学科属性在学界至今未有一致性认识,其根本上缘于不同学者站在不同研究角度或不同学科立场,抑或运用甚至套用不同学科研究方法、范式解读和离析教育地理学及"教育—地理"交互运行机制,必然产生具有不同方法论意义和世界观意义的学科属性认识及价值判别。因此,从总体上来看,学界对教育地理学学科属性的认识是一种"模糊认识",其是基于"模糊逻辑"而形成的学科认知,缺乏对教育地理学学科属性的系统阐述分析,意即"教育地理学究竟归属什么学科? 具有哪些特性或性质? 依据又是什么?"没有回答清楚。这就需要我们对其进行假设验证,以回答清楚"教育地理学属于什么学科? 为什么?"为旨归。

作为教育实践过程中,由教育学和地理学交互作用、融合驱动而成的教育地理学,是一个典型的自然科学和人文社会科学的交叉学科。这是一种横向交叉、跨领域交叉,其在本质上必然从其缘起学科"教育学"和"地理学"汲取理论营养和学术思维,但这并非教育地理学就应该属于"教育学"或者"地理学",亦即把"教育地理学"自然归并至"教育科学体系"或者"地理科学架构",其应有确实的理论作为支撑。因此,要廓清教育地理学学科属性,首先就要从其"理论合理性"进行判别。

当然,单纯的理论思辨不足以辨识或者断定教育地理学的学科属性,需要从人类教育实践中找寻理论源头。客观而言,教育地理学是一门典型的由"实践推动的科学知识体系",具有明显的实践性、应用性,意即没有教育的实践,就没有教育地理的理论。无疑,人类教育实践活动与人类自身相伴相生、存亡相形,教育地理知识生产本身也是为了解决人类社会发展中遭遇的教育问题,譬如教育的空间布局、地域结构特征、地域分异规律、区域承载能力等。因此,要辨明教育地理学的学科属性,还要从其"实践合目的性"进行判别。

最后,基于学科属性视角的教育地理学学科体系优化机制的构建。学科总是体系化的知识。按照学科体系化发展的一般逻辑,特定的学科体系或多或少都是建立在一定的学科属性或者学科领域范畴的基础上的,也正因为如此,不同的学者在认知、创生、构建一门学科或研究领域的知识体系时,其逻辑理路和组合原则都有所差异,进而形成的学科体系必然有所不同。这在根本上是因学科知识内容(基本知识范畴、核心知识范畴和周边知识范畴)分化,不同的知识内容必然形成不同的学科体系。当然,学科知识的沉积与集合是一个动态发展的过程,其必将随着"模糊知识"深层化而更加丰满充实。从本体论看,教育地理学就是教育领域知识与地理领域知识交互作用而形成的新兴知识体系,无论是偏序教育、偏序地理还是独立的交叉学科,其都是立于学科丛林的客观事物,是人类对教育地理事象和教育地理实践的能动反映和理性认识,在本质上具有"教育地理"的内在属性,意即"教育—地理"关系的知识化表征,根本目的在于用多学科知识解决复杂的教育地理问题。换言之,探讨教育地理学学科体系应以"教育—地理"的学科交叉性即学科互涉为着力点。① 因

---

① 陈举、余秀兰:《知识隐喻与大学知识生产的制度构建》,《现代大学教育》2018 年第 4 期。

此,要构建教育地理学学科体系,必须在此基础上对其学科知识内容进行梳理并分类,在横向上形成多个(几个、十几个、几十个)相对独立的知识模块即合组组分(包括显性知识和默会知识)。对这些知识模块的判别,应遵循教育内外部关系规律和人地协同理论原则,按照"人—地"互动逻辑、"教—地"互动逻辑和"教育—环境"互动逻辑展开,进而形成基于"人—地"互动逻辑的学科内容架构、基于"教—地"互动逻辑的学科内容架构和基于"教育—环境"互动逻辑的学科内容架构,三者的统合就形成了教育地理学的学科知识体系。这也是教育地理学要走向成熟、成为一流学科的必然路径。

当然,一个完整的大学学科体系,除了学科知识体系外,还应有非学科知识体系。通常而言,非学科知识主要体现在学科人才队伍建设、专业建设及学生培养、学术期刊及学者社团等方面。这些方面都是学科知识生产的依托和载体。在某种程度上,其本身既是学科知识生产的保障机制,也是教育实践活动的形式内容。因此,对教育地理学学科体系的构建机制、优化路径的判别,应充分考虑教育地理学的非学科知识体系。具体而言,其就是指教育地理知识的规训制度和组织建制①,包括教育地理学学科人才队伍建设、教育地理学专业建设、教育地理学人才(学生)培养、教育地理学学术刊物、教育地理学科研机构、教育地理学专业社团(协会、学会)等方面的机制。

第三节　教育地理学学科体系研究的思路方法

一、研究的逻辑思路

本书拟对教育地理学学科属性及学科体系进行历史性、整体性、系统性考察,深入阐述教育地理学的概念内涵,分析教育地理学的学科属性,并基于学

①　张德祥、王晓玲:《学科知识生产模式变革与"双一流"建设》,《江苏高教》2019 年第4 期。

科属性解构教育地理学的知识内容,优化改进教育地理学的学科体系。

首先,聚焦教育地理学的历史历程,依托公共信息网络、图书馆、电子期刊系统等多种形式,尽可能广泛收集国内外教育地理学的历史文献资料和既有研究成果,有效掌握教育地理学的生长背景、演进过程、发展状况,特别是在罗明东教授系统研究考证的基础上,进一步梳理和确证教育地理学发展的历史脉络和产生的历史时间,为本书提供必要的历史依据和逻辑起点。

其次,基于现有研究的认识基础和理论的推演思辨,确立教育地理学学科属性及学科体系构建的分析框架,并明确提出"教育地理学作为地理学的下位分支学科"的研究假设。在这一基础上,引入人地关系理论、人地关系地域系统理论、教育内外部关系规律理论和交叉学科理论,运用形式逻辑理论界定教育地理学的概念内涵,并基于实践和理论两个层面对研究建设进行检验论证,推定教育地理学的学科属性。

最后,依托人地关系理论、人地关系地域系统理论、教育内外部关系规律理论和交叉学科理论的指导,基于教育地理学学科属性和学科知识现实的考察,从教育地理环境系统、教育地理实践活动和教育地理资源要素三个维度厘定教育地理学的学科知识内容,并从"人—地"互动、"教—地"互动和"教育—环境"互动三个层面解构教育地理学学科知识之间的逻辑关系,进而形成既相互联系又相对独立的知识体系。在这一基础上,依据学科知识范畴(横向组合)和知识层级关系(纵向衍化)等知识生成的内在机理,提出教育地理学学科知识系统整合的对策建议,基本廓清教育地理学学科边界,为学科理论研究和应用研究提供参照,同时依据知识生成的外围机制,提出教育地理学非学科知识统筹改进的路径措施,进而提出基于学科知识操作和非学科知识操作的教育地理学学科体系建设的对策建议,见图1.4。

二、研究的基本方法

教育地理学的学科属性及学科体系构建是一个复杂庞大的系统问题,对

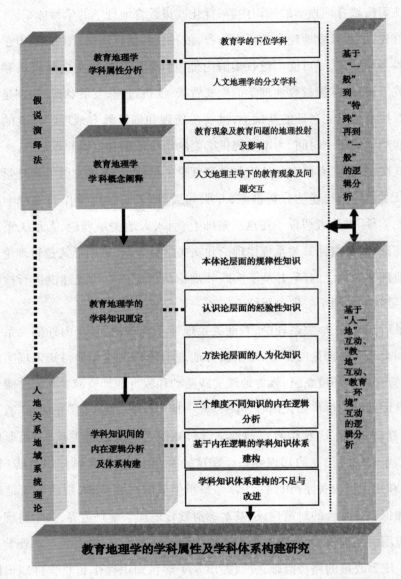

图 1.4　教育地理学的学科属性及学科体系构建研究技术路线图

这一系统问题的研究离不开多学科理论指导和科学的多元方法支撑。具体可从方法论层面和操作方法层面分析。

从方法论层面看,本书在总体上采用跨学科研究法。教育地理学学科属性及其学科体系构建问题,本质上是对教育地理学学科知识的整合与分类,意在形成相对独立的知识单元模块,抑或将教育地理学分解为 N 个次级学科,根本目的在于廓清学科边界和学科范畴。其既有学科理论建设发展的一般性问题,也有"教育—地理"学科交融的特殊性问题,同时还有"人—地"关系互动的综合性问题,势必需要我们从哲学、逻辑学、系统科学、地理学、教育学、历史学的多学科视角来加以综合分析和系统研究。

从操作方法层面看,本书采用以下具体方法:①文献研究法。教育地理学的生成时间考证、教育地理学的概念内涵、教育地理学的学科属性厘定、教育地理学的学科体系构建等问题,都需要对前人既有研究成果和历史文献的检索筛选和分析推演,发掘既有研究中的有益成果,探寻本书的知识增长点,厘定本书的逻辑起点、思想基础和理论依据。②形式逻辑定义法①。教育地理学是在教育与地理的交融地带生长出的科学概念知识,运用形式逻辑定义法中的"种差+属"定义方法(又称"真实定义法",可用公式"被定义项=种差+邻近的属"来表达)对已有"教育地理学"学科定义进行梳理和评价,尝试更加科学合理地重新定义教育地理学,进而厘清教育地理学区别于其他学科概念(类概念)的本质属性,揭示教育地理学的学科内涵,进一步科学回答"什么是教育地理学"这一基本理论问题。③假说演绎法。"教育地理学的学科属性究竟是什么"是一个科学问题,需要经过严密的逻辑论证方能得到答案。故通过对教育地理学基本理论的现有研究的梳理和评价,并以地理学为特定视角提出研究假设:"教育地理学作为地理学的下位分支学科,是一门综合性、交叉性和应用性的学科。"并对这一假设进行演绎推理论证,形成科学的研究结论。④历史与逻辑相统一的方法。教育地理学是历史地形成的,也是教育实践活动的需要,并非"顿悟"之物。因此,研究教育地理学的学科属性及学科体系构建必须坚持历史与逻辑相统一的方法。从历史维度看,人类社

---

① 中国人民大学哲学院逻辑学教研室编:《逻辑学》(第 3 版),中国人民大学出版社 2014 年版,第 16 页。

会与教育活动相生相伴,自人类社会产生以来的各式各样教育实践活动(如非正式教育、正规教育、非正规教育)为教育地理学的形成及发展提供了坚实的实践基础,亦即教育地理学的生长、形成、发展必然有与之相应的历史进程。从逻辑维度看,教育地理学又是逻辑的,是作为教育实践活动主体的人类对特定区域教育实践活动、"教—地"互动关系的规律性认识,具有高度抽象性、严密逻辑性、全面概括性、语义明确性,揭示了特定区域相应历史阶段教育地理事象演进和教育地理实践发展的内在规律、历史走向、发展趋势。故而,我们研究挖掘教育地理学的科学内涵、学科属性及学科体系,就是要精准把握其学科知识本质和演进过程,透过其学科历史认识学科现实,进一步深化拓展人类自身对教育地理知识的认识,更好地把握教育地理学这一新型交叉学科的内涵和范畴,真正做到教育地理学学科发展历史与内在逻辑的辩证统一。最后,本书采用比较与抽象法、系统分析法,对教育地理学的学科知识和教育地理学的非学科知识进行比较抽象及整合规制,形成教育地理学学科体系的优化改进策略。

三、研究的主要内容

教育地理学的学科属性及学科体系是教育地理学基本理论研究的核心内容,廓清教育地理学的学科定义和学科属性,构建更加合理的、完善的教育地理知识体系,对于教育地理学获得独立性、合法化、制度化发展具有重要价值。从既有文献和研究成果来看,教育地理学的本体研究(元研究)较少,相关研究(区域教育)繁多,对其学科属性及学科体系这一核心内容缺乏系统深入的探讨,始终没有完全回答清楚,也缺乏公认的相对具有说服力的研究结论,在一定程度上抑制了学科发展的动力和活力。特别是教育地理学的学科属性问题,学界争议较大。在学科交叉层面上,争议主要体现在教育地理学归属教育学学科还是归属地理学学科。在地理学科内部层面上,争议主要体现在教育地理学是地理学的下位学科(分支学科、二级学科)还是人文地理学的下位学科(分支学科、三级学科),而在教育学科内部层面上,目前研究成果极少且直接将其归入教育学一级学科。因应学科归属的争议,学界对教育地理学的性质的看法也各有不同。基于此,既有的教育地理学学科体系自然也是多种多样,要么是体系范围过宽、过泛,要么是体系范围过窄、过小,学科边界含混不清,缺乏足够的层次逻辑,阻碍了教育地理学的潜力释放。可见其学科属性及学科体系有待进一步深化。当然,也正是因为教育地理学从学科概念到学科属性再到学科体系的不确定性和多样性特征,为学科发展展示了宽广的发展前景。为此,本书拟从地理学的视角,在归纳总结提炼教育地理学既有研究成果的基础上,运用形式逻辑定义法对教育地理学的学科概念进行探讨和界定,进而提出研究假设(学科属性)"教育地理学是地理学的下位分支学科",并从理论合理性和实践合目的性两个层面进行检验论证(证实);基于学科属性展开厘定教育地理学的学科知识内容及其各项内容之间的相互关系,进而构建教育地理学学科体系。具体而言,本书研究内容主要体现在以下四个方面。

(一)教育地理学发展的历史脉络

问题是研究活动的起点。没有问题就不会有解释问题的思想方法和知识。科学问题是在一定的科学知识背景下,存在于科学知识体系内和科学实践中有待解决的疑点。因此,本书在既有文献辨识的基础上,结合教育实践发展的要求,提出"教育地理学的学科属性及学科体系构建研究——基于地理学的视角"科学问题。本书拟以人地关系理论、人地关系地域系统理论、教育内外部关系规律、交叉学科理论为理论基础,运用形式逻辑、假设演绎推理、历史逻辑等方法,集中阐释和解决"教育地理学的定义问题""教育地理学的学科属性厘定问题""教育地理学的学科知识厘定及学科体系构建问题"等三个科学问题。为更好地探讨和研究这些问题,本书将对教育地理学的历史脉络进行梳理,探寻教育地理学演进的逻辑起点和缘起的历史节点。

（二）教育地理学的学科概念界定

学科概念界定是教育地理学基础理论研究绕不开的课题和环节。没有规范化的学科概念界定就难以明晰教育地理学的学科边界、构建教育地理学的学科体系。因此，本书运用系统科学理论和人地关系理论，对已有的教育地理学概念或定义进行梳理和辨识，逐项审视其规范性程度，归纳提炼其中蕴含的合理性表述，并运用形式逻辑定义法明确教育地理学的属概念和种差，进而对教育地理学作规范性的、系统性的语义表述，即教育地理学是一门研究教育活动与地理要素交融互动规律的发展中的现代交叉学科。具体而言，一是因为运用地理学的方法和原理可使教育研究更具地理学意义；二是因为充分探讨"教育—地理"互动性可使教育地理学回归到本然主体；三是因为在人地关系理论逻辑上确定教育地理研究主题才能更好地支持人地关系协调发展。

（三）教育地理学的学科属性探讨

学科属性问题是教育地理学基础研究的关键内容。学科属性在一定程度上规定了学科的范畴和边界及研究对象。一般而言，学科属性包括学科归属和学科性质。从学科归属来看，教育地理学的学科属性研究要回答的关键问题是教育地理学的属学科（上位学科）是谁。换言之，教育地理学归属于哪一个一级学科（参照我国的学科分类体系）。因为，只有搞清楚这个问题，才能确定教育地理学隐含的知识内容及各项内容之间的相互关系。因此，本书基于地理学的视角，运用假设演绎推理法的一般范式对教育地理学的学科归属进行探讨，即提出研究假设：教育地理学归属于地理学，是地理学的一个下位分支学科。在地理学基本知识框架内，围绕人地关系、人地关系地域系统、教育内外部关系规律的理论知识、认知观念、核心观点，分别从理论合理性维度、实践合目的性维度探寻假设的支撑性论据，系统揭示教育地理学作为地理学下位分支学科的理论合理性和实践合目的性，并借助地理学的特定视角多层面、多维度阐述教育地理学作为其下位分支学科发展的逻辑可能和内容缺失。最后,确立起"教育地理学作为教育活动与地理要素相互影响、相互制约、相互促进的一门新兴交叉学科"的基本理论认识。

(四)教育地理学的学科体系建构

学科体系关系一门学科的整体架构,是学科基础理论研究的核心内容,涉及学科内部知识模块的相对性归类和学科外部相关知识的交融。从本体论来看,教育地理学是地理学下的一门相对独立的二级学科,应该有体现自身内在规律的学科体系。这一学科体系本身也是一个动态发展的过程。既有研究对教育地理学的学科知识体系的探讨非常少,加之教育科学和地理科学的持续深化发展,教育地理学的学科知识体系急需完善。从研究内容看,基本理论、应用理论、时空变化是教育地理学的三大知识模块。首先,教育地理学基本理论研究就是其学科知识本质的研究,在于把教育地理科学的研究提升到一个更高的思维水平,主要探讨教育地理学的学科属性、研究内容、研究对象、研究方法、研究范式、学科价值、学科定位、学科体系、发展趋势等,可概括为教育地理通论、教育地理学概论、元教育地理学、教育地理哲学、教育地理思想概论、教育地理(学)方法论、教育地理科研方法等。其次,教育地理学应用研究是教育地理学的核心内容。根据地理学原理和方法在不同类型、层次、科类、区域的教育活动中的应用情况和交融程度,可把教育地理学应用研究分为多种相对独立知识模块,即教育类型地理(包括家庭教育地理学、学校教育地理学、社会教育地理学、自我教育地理学)、区域教育地理(宏观教育地理学、中观教育地理学、微观教育地理学)、教育主体地理(教育者、受教育者)、教育环境地理(自然地理要素和人文地理要素)、学科教育地理(包括农业、林业、水利、卫生、法律等职业学科)。再次,教育地理学时序研究主要是对整个历史周期或不同时期、不同阶段的教育地理学进行研究,可概括为教育历史地理学、区域教育历史地理学、国际教育历史地理学、中国教育历史地理学、古代教育历史地理学、当代教育历史地理学、现代教育历史地理学、原始教育地理学、未来教育地理学(教育地理预测学)。在这些研究内容基础上,尝试提出"以教育地域系统为核心的教育地理学学科体系构建"方案,力图形成"普遍意义探讨+学科视角观照"相统合的"教育地理学学科体系构建整合路径"。

第二章　教育地理学的学科知识融合

在直接进入教育地理学学科属性厘定和学科体系构建之前,我们并不能明确"教育地理学"究竟为何。换言之,在正式的教育地理学学科体系构建之前,我们最多只能从交叉学科的一般范式展开,将暂未能完全认识清楚的"教育地理学"视作"教育—地理"学科融合的一个"知识整体(知识领域)"。因此,我们可以认为,"教育—地理"的学科融合催生了一个新的知识领域,这个领域既不单纯限定在教育学学科框架内,而从属于教育的下位学科;也不绝对囿于地理科学领域,演化为地理的分支学科。"教育—地理"学科融合的本体内涵解构,其在本质上即"教育地理学"这一知识概念的全貌,亦即"教育—地理"类概念知识的累积与聚合。基于这种交叉学科的基本理解,本章将主要从本体内涵、边界划定和外延限度三个层面展开普遍意义上的"教育—地理"学科融合内涵阐释。

第一节　学科知识融合的本体内涵

"教育—地理"学科融合的本体内涵,在本质上是由作为活动的教育与作为教育活动"底板"的地理事象相互影响、相互制约所决定的。

一、"教育—地理"学科知识融合的基本概念

"教育—地理"关系的矛盾运动("教—地"互动)是"教育—地理"学科融

合的动力机制,其具有共同或相似哲学属性和实践特质①的概念知识的抽象化、系统化、理论化,构成了具有一定学科属性的表征"教育—地理"类概念知识系统的教育地理学。在这个意义上,具有共同或相似哲学属性和实践特质的"教"的概念知识和"地"的概念知识即"教—地"(教育地理)知识是教育地理学形成的逻辑起点。从构词来看,"教育地理学"是一个偏正式名词性短语,由"教育地理"和"学"两个核心部分组成,"教育地理"一词起修饰限定作用,强调的是"教育地理"领域的"学"(知识集合)。而且"教育地理"又是一个由"教育"和"地理"构成的并列式名词性短语。若按照科学学的一般表达,我们可以把"教育地理学"简单描述为"关于(或研究)教育地理的一门学科(或科学)"。当然,这难免有定义"过于泛化"之嫌,因为在此定义中出现了新的概念问题即"教育地理是什么"。因此,要辨明"教育地理学是什么"这一科学问题,我们需要厘清"教育"和"地理"两个基本概念知识。

首先,"教育"知识的概念表征。古代"教育"一词最早始于《孟子·尽心上》中"得天下英才而教育之",具有"教诲、培育、培养、训练"之义。正如《说文解字》对其注解"教,上所施下所效"②、"育,养子使作善也"③,其核心是"道德教化"。而作为近现代教育学意义上的"教育"一词则始于1912年中华民国教育部的成立,其后中华书局于1928年出版的《中国教育词典》将教育定义为"广义上,凡足以影响人类身心之种种活动,俱可称为教育;狭义上,唯用一定方法以实现一定之改善目的者,是可称为教育"④,以及中国大百科全书出版社于1985年出版的《中国大百科全书·教育》对教育作了更为权威的界定:"(广义上)凡是增进人们的知识和技能、影响人们思想品德的活动都是教育;狭义教育主要指学校教育,就是教育者根据一定社会或阶级的要求,有

---

① 张新华、张飞:《"知识"概念及其涵义研究》,《图书情报工作》2013年第6期。
② 许慎:《说文解字》,江苏古籍出版社2001年版,第69页。
③ 许慎:《说文解字》,江苏古籍出版社2001年版,第310页。
④ 王克仁主编:《中国教育词典》,中华书局1928年版,第642页。

目的、有计划、有组织地对受教育者的身心施加影响,把他们培养成为一定社会或阶级所需要的人的活动。"①从这可看出,随着历史演进,教育的内涵日益丰富,其承载的职能也越多、越重。而在外文语境中,无论是英语中的"education"、法语中的"éducation",还是德语中的"erziehung",都源于拉丁文"educere",可引申出"教育活动"的意义,②正如当代德国教育学者布列钦卡所说"教育是人们尝试在任何一方面提升他人人格的行动"③。因此,我们综合认为,教育作为人类特有的人文地理事象,在社会实践中可有三种不同范畴大小的概念表达:在广义层面,凡是增进人们知识、技能的活动都可视为教育;在狭义层面,教育被认定为个体的学习或发展过程;在更狭义层面,教育被看作是一种有目的、有组织、有计划地对受教育者身心施加影响的活动。④ 依据马克思主义实践观,在本书中我们倾向于从较为广阔(问题全域)的角度对教育作出界定,即"教育就是人类社会中影响人身心发展的一种特殊的社会实践活动",包括由"家庭教育、学校教育、社会教育、自我教育"构成的横向集群和由"基础教育、中等教育、高等教育、老年教育"构成的纵向层级⑤,具有道德教化、知识传承、技能训练等基本内涵。

其次,"地理"知识的概念表征。"地理"一词最早见于我国公元前 4 世纪成文的《易经·系辞》中"仰以观于天文,俯以察于地理",⑥而古希腊的埃拉托色尼则在公元前 2 世纪第一次合成了"geographica(geo+graphica)"术语,意即"地理"或"大地的记述",并写出了西方第一本以"地理"命名的专著《地理

① 董纯才主编:《中国大百科全书·教育》,中国大百科全书出版社 1985 年版,第 1 页。
② 柳海民主编:《教育学原理》(第 2 版),高等教育出版社 2019 年版,第 28 页。
③ 布列钦卡:《教育科学的基本概念:分析、批判和建议》,胡劲松译,华东师范大学出版社 2001 年版,第 75 页。
④ 段从宇:《创业教育的内涵、要素与实现路径》,《新疆师范大学学报(哲学社会科学版)》2016 年第 6 期。
⑤ 段从宇、伊继东:《教育精准扶贫的内涵、要素及实现路径》,《教育与经济》2018 年第 5 期。
⑥ 《易经·系辞上下传》,2020 年 3 月 28 日,见 http://blog.sina.com.cn/s/blog_4d4d07f80100093q.html。

学概论》。① 从词构看，"地理"一词由"地"和"理"构成。一般而言，"地"之含义有二：一是指称"人类万物栖息生长的场所""地球""陆地""土地""区域""地位""位置"等等，如《说文解字》所注"元气初分，重浊阴为地，万物所列也"，即"地从土也声，以土生物"；二是指本性、心思、意志的领域，如古代宗教中的"地祇"（地神）。② 可见，"地"的本义包含"地球表面的自然要素和人文因素"。对于"理"字，《说文解字》注解为"理，治玉也。从玉里声"。③ 在这一注解中，"玉"为玉石，"理"从玉，表示与玉石有关；"里"为里面、里边，表示内部、内在，故"理"就是"把玉从璞石里剖分出来，顺着内在的纹路剖析雕琢"，可引申出"纹理"之义——"物质（客观事物）本身的纹路、层次、次序"④。综合来看，地理（Geography）就是地球表层一定范围（依空间大小可有不同的尺度范围）内的自然地理环境要素（如山川、气候、地形、水文等）和人文地理环境要素（如政治、经济、文化、人口等）的统称。这些要素之间的相互影响、相互联系、相互作用形成了地球表层结构系统，包括空间结构、时间结构、时空结构等⑤，其核心是"人地关系地域系统"。

从上述分析我们可以看出，"教育"和"地理"是两个相对独立的概念知识系统，而在知识范畴上，二者又有相交之处，也就是"教育"作为人类的一种特有活动，本身属于人文地理事象，抑或教育是人文地理要素之一。因此，教育与地理空间和其他人文地理要素的交互作用所生产、创生的知识聚合起来就形成了"教育—地理"学科融合的知识系统——"教育地理"知识系统。借此把"教育"概念和"地理"概念统合起来，我们就可得到"教育地理"概念：地球表层一定范围内人类教育事象时空分布、演变机理、传播形制、结构特性、地域

① 李新运：《"地理学"词源与我国地理教学起源探秘》，《中学地理教学参考》2004 年第 11 期。
② 白欲晓：《"地域文化"内涵及划分标准探析》，《江苏社会科学》2011 年第 11 期。
③ 宋易麟主编：《古代汉语》，江西高校出版社 1999 年版，第 330 页。
④ 李土生：《土生说字》（第 15 卷），中央文献出版社 2009 年版，第 394 页。
⑤ 潘玉君编著：《地理学基础》，科学出版社 2001 年版，第 6 页。

差异及其与地理要素的相互关系。进一步看,我们参照形式逻辑"属加种差定义法"①,认为"教育地理学就是研究地球表层一定范围内人类教育事象时空分布、演变机理、传播形制、结构特性、地域差异及其与地理要素的相互关系并预测其发展变化规律的一门综合性科学"。

二、"教育—地理"学科知识融合的内涵解析

根据系统论的一般原理,由教育学科知识和地理学科知识相互作用、相互结合形成的教育地理学属于科学知识体系的组成部分,是科学巨系统的子系统。显然,在逻辑层次上,科学是教育地理学的上位(属)概念,其与科学系统中其他科学的本质区别(种差)就是"研究地球表层一定范围内人类教育事象时空分布、演变机理、传播形制、结构特性、地域差异及其与地理要素的相互关系并预测其发展变化规律的"。这深刻揭示了教育地理学学科的基本内涵,也表征了教育地理知识系统的学科特质,并伴随"教育—地理"知识的不断交织融合、衍延更迭而成为一门成熟学科。具体作如下解析。

首先,教育地理学研究的是地球表层的人类教育活动。地球表层是一个宏大的巨系统,包括大气、海洋、陆地等子系统,其中陆地是较小的一个子系统。因此,从教育实践活动本体看,依据"陆地表层系统科学理论"②,教育地理学所研究的教育活动应是地球陆地表层系统中教育系统及其要素的运动、发展和变化,并非探讨地球深层、大气、海洋和深空的物质运动变化。

其次,教育地理学研究的是一定范围内的教育活动。"一定范围"是一个空间概念,是根据不同的需要划定或确立的地理单元。由此判定,教育地理学就是研究一定地域空间的教育活动的学科,比如世界教育、亚洲教育、中国教

---

① 中国人民大学哲学院逻辑学教研室编:《逻辑学》(第 3 版),中国人民大学出版社 2014 年版,第 16 页。
② 葛全胜等:《中国陆地表层系统分区——对黄秉维先生陆地表层系统理论的学习与实践》,《地理科学》2003 年第 1 期。

育,等等。这些不同尺度地域的教育活动的整合联结和相互作用就构成了教育空间系统,具有共时性、广延性、整体性特征。换言之,教育地理学主要是研究教育活动的空间秩序,如教育地域分异规律,教育系统及要素的地理位置及地域分布、结构、组织、特征、差异,教育的空间演变规律、动因机制,教育空间的未来状况、发展趋势(即教育地理预测),等等。而且,教育空间系统及其构成要素并非一成不变的,总是随着历史时间不断演进、衍化的,具有时序性、流动性、变动性特征。从这个角度看,教育空间系统就是教育地理学的研究对象①,重在探讨教育空间的共时性和历时性。

再次,教育地理学研究的人类教育事象是一定地域内的一切教育活动及其要素即教育系统。从系统分析看,教育系统包括家庭教育、学校教育、社会教育、自我教育等教育类型,学前教育、初等教育、中等教育、高等教育、老年教育等教育层级,教育者、受教育者、教育中介系统等教育活动基本要素,正式教育、非正式教育、远程教育、网络空间教育、数字空间教育等教育形式,公办、民办、混合所有制等办学形式,各种教育管理体制,各种教育思想,等等。这是从宏观上对教育系统要素的表达。在研究实践中,可能针对的是某一教育类型、教育层级、教育形式、教育要素、办学形式,甚至某一教育现象、教育问题,或是几个教育活动要素的集合表达。换言之,它既可能是一定地域内的教育问题全域,也可能是教育问题单元或几个教育问题单元的集合。

最后,教育地理学研究人类教育事象与各种地理要素的相互关系。从"教—地"关系的矛盾运动看,教育与地理的相互关系包括各种地理要素对人类教育事象的制约和人类教育事象对各种地理要素的影响两个方面,彰显了"教—地"间物质、能量和信息的交互。具体而言,主要体现在三个方面:一是各类教育活动及其要素与各种地理要素相互作用的形式、动力机制及其地域表征;二是一定地域范围内的教育活动与其各种地理要素相互作用形成的教

---

① 张谦舵等:《论教育空间与社会空间》,《云南师范大学学报(哲学社会科学版)》2014 年第 6 期。

育地域系统(本体)与次级(下位)教育地域系统及其各次级教育地域系统间的相互联系、相互作用;三是不同地域范围的教育活动与其各种地理要素相互作用形成的教育地域系统间及其与上位系统的相互联系、相互作用。借此可知,这种纵横交错的"教—地"关系彰显了教育与周围的自然地理环境和人文地理环境相互影响、密不可分,在这一关系系统中,处于核心位置的就是教育地域系统。从这个层面上看,教育地理学应以教育地域系统为研究核心。

综合来看,从"教育—地理"知识的交互逻辑和运行理路,我们可把教育地理学的基本概念进一步演绎为:以研究教育空间系统为对象,以研究教育地域系统为核心,研究地球陆地表层一定范围内人类教育事象时空分布、演变机理、传播形制、结构特性、地域差异及其与地理要素的相互关系并预测其发展变化规律的一门综合性科学。由此不难判断,教育地理学必是作为一门大学学科而生长,其在学科场域中也必然存在一般大学学科的三种功能形态[1]:一是根据教育地理学专业人才培养需要组织起来的多学科知识构成的教育地理知识体系,反映科学分类逻辑与社会职业分工逻辑相结合的客观实在,比如云南师范大学教育地理学专业(地理学下设二级学科,研究生层次),意在培养教育规划、教育区划、区域教育发展、教育资源配置等方面的高层次专业人才(目前尚无教育地理学本科专业);二是根据教育地理科研发展要求所建构的教育地理知识范畴,比如云南师范大学建立的教育地理学研究所、民族教育信息化教育部重点实验室、高等教育与区域发展研究院等研究机构,意在生长更多的系统化、专业化、综合化的教育地理知识成果或产品,与以人才培养为目的的教育地理学知识活动有明显的差别;三是根据社会需要所形成的以解决教育地理问题为目的的知识领域,如教育区位选择、区域教育发展、教育空间布局等问题的探讨,意在寻得特定尺度地域的教育均衡、协调发展,具有较强的时效性、针对性和实用性。在教育实践中,这三种形态之

---

[1]　别敦荣:《论大学学科概念》,《中国高教研究》2019 年第 9 期。

间既有可能交叉重叠,也有可能相对独立,相互间的矛盾运动不断深化教育地理学的内涵。

第二节 学科知识融合的边界划定

"教育—地理"学科融合的边界划定问题,是关于"教育地理"知识集合在相关、相邻、相近学科知识体系中的地位、层次、关系问题,对于"教育地理"知识学科化、独立化极为重要。

一、"教育—地理"学科知识融合的纵向关联

根据知识的抽象概括程度,人类科学知识体系(科学学体)从一般到具体可分为若干层次,形成一个"金字塔式"的层次结构(如图 2.1 所示)。首先,居于第一层次(最高层次)的是辩证唯物主义哲学,对所有自然科学、社会科学和思维科学均起着指导作用。教育地理学作为"知识丛林"中的一份子,限制于人类科学知识框架内,必然要接受辩证唯物主义哲学的指导。其次,居于第二层次的是自然辩证法、历史唯物论、辩证逻辑学,在基础理论和基本方法上对下一层次的各类科学起着直接的指导作用。教育地理学作为同自然科学、社会科学、思维科学有跨学科关系的一门边缘科学,在很大程度上要受自然辩证法、历史唯物论和辩证逻辑学基础理论和基本方法的指导。最后,居于第三层次的是各门自然科学、社会科学和思维科学,在基础理论和基本方法上对其分支学科起着具体的指导作用,也是其下位学科的理论基础和方法来源。教育地理学是社会科学中的教育学和自然科学中的地理学交叉作用形成的独立学科,必须选择和运用教育学和地理学的相关理论和方法构建其理论框架和方法论体系。从这个角度看,教育地理学属于教育学、地理学的下位学科,在科学学体中处于第四层次。

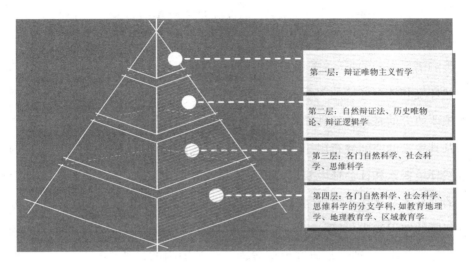

图 2.1　教育地理学在人类科学知识体系中所处的层次示意图

二、"教育—地理"学科知识融合的横向关联

从科学知识构成看,教育学和地理学分别是社会科学部类下和自然科学部类下的一个独立学科,这两个学科的概念、理论、体系、原理、方法的跨界融合,必然形成新的交叉学科的概念系统、理论体系和方法论,其中的典型表征之一就是"区域教育"。根据交叉学科的一般原理,这两个学科的交叉可以互为缘起学科,若以地理学为缘起学科,就能在教育学和地理学的交叉结合地带生长出教育地理学;若以教育学为缘起学科,就能在教育学和地理学的交叉结合地带生长出地理教育学。可见,与教育地理学密切相关的学科概念就是教育学、地理学、地理教育学、区域教育学的学科概念。具体可从以下三个方面理解:

一是教育地理学与教育学、地理学概念的"下位—上位"关系。首先,教育学是研究人类教育现象、教育问题,揭示各类教育一般规律的一门科学[1],

① 柳海民主编:《教育学原理》(第 2 版),高等教育出版社 2019 年版,第 1 页。

主要研究教育内部关系规律(包括"教育与教育对象的身心发展以及个性特征的关系""人的全面发展教育各个组成部分的关系""教育者、教育对象、教育影响诸要素的关系"等关系与作用的总和①)和教育外部关系规律(教育与自然环境和社会环境的关系),是关涉"教"与"学"的知识集合。而教育地理学主要研究的是具有地理学意义的"教育现象、教育问题",具体包括"教育活动及其要素的空间分布规律、时间演变过程、区域特征、地域差异"和"教育与自然环境要素和社会环境要素的相互关系及其历史演进、地域差异",亦即教育的外部关系规律。换言之,教育地理学就是具有地理学意义的教育现象、教育问题的知识集成化、理论化、体系化,更是教育地理实践活动在空间上的动态演化。其次,地理学是研究地球表面一定范围内的自然地理环境要素(如山川、气候、地形、水文等)和人文地理环境要素(如政治、经济、文化、人口等)的空间分布规律、时间演变过程和区域特征的一门科学②,其研究核心是人地关系地域系统。而教育本就属于人文地理要素系统中具有能动性、主体性的子系统,教育地理学研究的正是这一系统与地理环境的关系,即运用地理学的理论、方法、技术研究地理中的教育现象、教育问题。借此可知,教育学、地理学是教育地理学的"上位学科",教育地理学是教育学、地理学的"下位学科",是教育学与地理学相互交叉作用和"教育—地理"学科知识集合的必然结果(如图 2.2 所示)。从知识演进逻辑看,这个集合体必然是动态发展、持续扩充的知识体,伴随其上位学科默会知识的增长变化而生成新的教育地理学知识边界。

二是教育地理学与地理教育学概念的"全异"关系。一般意义上,地理教育学主要是运用教育学的理论和方法研究地理知识的传授传播和教育教学问题,其研究对象是地理学科教育系统③,即在教育过程中如何教、怎么教、教什

---

① 唐德海:《科学理解教育内外部关系规律——兼评李枭鹰教授的〈高等教育关系论〉》,《大学教育科学》2019 年第 2 期。

② 傅伯杰:《地理学:从知识、科学到决策》,《地理学报》2017 年第 11 期。

③ 袁书琪主编:《地理教育学》,高等教育出版社 2001 年版,第 3 页。

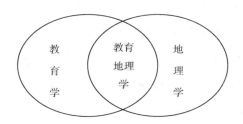

图2.2　教育学、地理学、教育地理学的从属关系示意图

么地理知识和如何学、怎么学、学什么地理知识的问题,意在使地理知识更好传播传承和教育对象更好掌握领会地理知识。而教育地理学主要是运用地理学的理论和方法研究地理中的教育现象和教育问题,其研究对象是教育空间系统,意在探讨教育及其要素的空间分布、地域差异及其与地域的相互关系,寻得教育均衡发展、协调发展的规划方案和政策建议。从概念知识表征看,教育地理学与地理教育学是两个截然不同的学科概念,二者在逻辑上是"全异"关系。

　　三是教育地理学与区域教育学概念的"重叠而差异化共生"关系。区域教育学主要是运用教育科学和区域科学的理论和方法研究一定区域教育的发展变化、空间布局及其相互关系的科学,其基本研究对象是教育区域。站在教育学科的立场上,教育区域的内涵就是教育的区域特征以及教育中的区域现象和区域问题;而站在区域科学的立场上,其内涵是区域中的教育现象和教育问题,教育只是组成区域理论、促进区域发展的一个因素。① 可见,区域教育学和教育地理学的研究内容既有重叠也有差别,具体体现在:一是两者的侧重点不同,教育地理学关注教育活动与地理环境的关系,寻求特定区域教育的均衡、协调、可持续发展,而区域教育学则把区域教育视作一种教育形态,探求区域内教育资源的有效空间配置;二是从研究视野看,教育地理学的研究范围比区域教育学大,对区域教育发展问题的考虑可能比区域教育学更长远、更综

---

　　①　吕寿伟:《论区域教育学的学科性质》,《教育理论与实践》2012 年第 1 期。

合,但区域教育学的解释广度、深度、系统性可能强于教育地理学。因为,教育地理学综合研究特定区域教育活动与地理环境的一般关系和教育要素形成发展的地理渊源,而区域教育学通过具体分析区域教育问题,提出发展教育建议,较少探求与地理环境的协调发展。可见,教育地理学和区域教育学各有特点,可在不同条件下发挥应有作用。

第三节 学科知识融合的外延限度

"教育—地理"学科融合的外延限度,其集中观照的是教育地理学科学问题整合融通的边界及其可能,关系教育地理学的规范化发展。从上述分析来看,"教育—地理"学科融合的知识范畴主要涉及哲学、空间、时间等三个方面,形成了以"学科哲学限度"为"纬"、"时空限度"为"经"的纵横交错的网状知识系统。这一网状知识系统结构延伸的可能及阈限就是它的外延限度。因此,我们采用概念划分和学科机体解构的方法,从哲学、空间、时间三个维度对教育地理学的机体结构进行离析及解构。

一、"教育—地理"学科知识融合的哲学限度

从学科学来看,一门学科的哲学知识是对该门学科研究实践及其由此形成的经验知识的概括和总结,为该学科及学科群的生长、发展、调试提供世界观和方法论指导。从这个意义上看,由"教育—地理"学科融合而来的教育地理学的学科成熟度与其哲学层面的基本理论、基本方法的丰富性紧密关联。按照"实践—理论—实践"的认识循环过程,教育地理学的哲学知识必然在教育实践、教育地理研究实践和"教育—地理"学科融合实践的历史进程中扩张充实、丰富完善,进而更具学科概括性和指导性,具体从以下两个方面解析。

一是学科本体论知识。一门成熟规范的学科除了因应社会世界图景而形成的动力机制,必然应有极强的批判力、解释力、建构力、指导力,而这正是学

科一般理论的应然价值,也是学科基础理论研究的目的所在。学科一般理论主要包括基本原理、基本问题、基本价值、研究对象、研究核心、研究内容、研究范畴、学科属性、学科体系、学科地位、学科边界、动力机制等诸内容,是一门学科从萌生到独立、从混沌到成熟无法回避的重大理论问题。因此,教育地理学作为一门发展中的学科,只有在教育实践中逐步廓清这些科学问题,才能实现"规范化"和"制度化"。从这个层面看,教育地理学的本体论知识就是在"教育—地理"学科融合领域建构的贯通教育地理问题全域的一系列教育地理概念知识,以及容纳这些概念知识且独立于其他学科理论体系(或难以被其他学科理论体系取代)的理论体系,亦即教育地理学的理论本体性,是对教育地理概念知识的概括化、系统化、抽象化和对教育地理现象、教育地理问题的深层的、本质的、规律性的解释,并非是对教育地理事象直接观测所得的实在知识的简单叠加。由此,我们可以从本体性知识的不同侧重点/角度,离析出具有世界观意义的教育地理学分支理论,即教育地理通论、教育地理学概论、元教育地理学、理论教育地理学、教育地理哲学、教育地理思想概论等,这些理论的延伸和拓展的可能就构成了教育地理学本体性知识的阈限。

二是学科方法论知识。"一门科学的方法论从根本上来说,就是这门科学研究最高的或原则性的指导思想。一门科学的这种指导思想就是要指明这门科学为什么要研究,研究的领域和范围,而尤其重要的是怎样去研究"①。可以说,学科方法论是一门学科成为独立学科的重要标志。因此,教育地理学要成为一门独立并走向成熟的学科,必须构建有自身特色的方法论体系。具体而言,就是要借鉴、吸收教育学、地理学、社会学、人类学等相关学科的研究方法,汲取理论养分,凝练形成具有方法论意义和教育地理研究特色的一般方法论和具体研究方法,如教育地理(学)方法论、教育地理科研方法等,为教育地理学及其学科群的发展提供方法和技术指导。当然,教育地理的方法论知

---

① 乐国安、沈杰:《潘菽——中国当代心理学的重要奠基人》,《南京大学学报(哲学·人文科学·社会科学版)》1996 年第 1 期。

识是随着教育学、地理学和其他科学技术的发展不断扩张的,这种扩张的可能就是其方法论知识的外延限度。

二、"教育—地理"学科知识融合的空间限度

从地理学看,空间是人类教育活动的载体,人类的任何教育活动都是在某个特定的地点发生的,都不能离开地球表层一定的空间范围,受限于所在空间的自然地理要素和人文地理要素。① 因此,不同的教育活动及其要素与特定的地理表层空间相互作用所生长的知识集合具有空间规定性,具体可从以下五个方面解析。

一是教育类型地理。从活动特征看,人类教育活动主要包括家庭教育、学校教育、社会教育、自我教育等类型,其中学校教育又可根据各级各类学校教育制度差异分为不同类型,这些不同类型的教育与地域交互作用,就形成了不同的教育地域系统,进而形成了具有相对独立的研究对象、研究任务和研究范畴的教育地理知识体系。据此,我们可以把教育地理学分为家庭教育地理学、学校教育地理学、社会教育地理学、自我教育地理学。而学校教育地理学又可根据各级各类学校教育与地域相互作用过程(地理过程)的不同分为不同类型:按照教育程度/层级,可以分为学前教育地理学、初等教育地理学、中等教育地理学、高等教育地理学;按照学校性质,可以分为普通教育地理学、专业教育地理学、职业技术教育地理学;按照办学主体,可以分为国家教育地理学、地方教育地理学、公办教育地理学、民办教育地理学、混合所有制教育地理学;按照教育阶段,可以分为学龄前教育地理学、学龄教育地理学、成人教育地理学;按照教学时间,可以分为全日制教育地理学、半工半读教育地理学、业余教育地理学;按照教学方式/手段,可以分为面授教育地理学、函授教育地理学、广播电视教育地理学、远程教育地理学、网络教育地理学、数字教育地理学、智能

① 张泰城:《经济活动的空间分布与秩序》,中国人民大学博士学位论文,2006年。

教育地理学;按照教育证书,可分为学历教育地理学、学位教育地理学、培训教育地理学,等等。

二是区域教育地理。根据地域空间大小及层级关系,我们可以把世界地理分为尺度不同、特征各异的地域,如世界、各大洲、各国、各省等。这些不同尺度地域的教育系统之间及其与上位系统、子系统之间在功能和结构上都有所差异,亦即教育地域系统差异。据此,我们可以依据教育地域系统的大小及层级(即研究范围),把教育地理学分为宏观教育地理学、中观教育地理学、微观教育地理学。其中宏观教育地理学主要研究全球和国际性的教育空间布局、演变规律及其它们之间的地域分异,包括世界教育地理学、大洲教育地理学、大洋沿岸教育地理学、西方教育地理学、东方教育地理学、国别教育地理学等;中观教育地理学主要研究国家及区域性的教育空间布局、演变规律、地域差异及其它们之间的相互关系,包括国家教育地理学、区域教育地理学、省域教育地理学、市域教育地理学、县域教育地理学、边疆教育地理学、高原教育地理学、平原教育地理学等;微观教育地理学主要研究各类具体区域或者聚落教育的位置选择、空间布局、资源配置及其它们之间的相互关系,包括城市教育地理学、乡村教育地理学、社区教育地理学、学校教育空间等。

三是教育主体地理。教育活动是人类活动的重要组成部分,其主体就是在一定社会关系中参与教育活动的人。这个主体主要指"群体主体"(含教育者和受教育者),即由具有相似或相同特征的个体合组而成,比如教师群体、不同年龄段的受教育群体(如儿童、少年、青年、成年、老年、男性、女性、人才、工人、少数民族、残障人士等群体),其规模大小、分布格局、素质高低、族际结构等在一定程度上影响着教育的空间布局和区域教育的协调发展,呈现出明显的地域分异和结构差异。因此,我们可以根据教育活动主体的差异,把教育地理学分为教师教育地理学、儿童教育地理学、少年教育地理学、青年教育地理学、老年教育地理学、妇女教育地理学、男性教育地理学、特殊教育地理学、人才教育地理学、工人教育地理学、民族教育地理学,等等。

　　四是教育环境地理。教育作为人类社会活动的一部分,必然受到环境因素(包括位置、气候、水、地形等自然环境要素和政治、经济、文化、法律、科技、人口等人文环境因素)的影响。它们之间的交互关系系统(即"教—地"关系),正是教育地理学生长的关键所在。据此,我们可以把教育地理学分为教育区位学、教育区域学、教育地图学、区域教育规划学、教育政策地理学、教育政治地理学、教育法律地理学、教育文化地理学、教育人口地理学、教育科技地理学、教育传播地理学、教育科研地理学、教育社会地理学、教育生态地理学、教育地理信息系统、教育技术地理学,等等。

　　五是学科教育地理。人才培养通常是通过学科及其专业进行的,在一定程度上彰显了学科的社会职业分工逻辑,亦即学科及专业或多或少与相应的社会职业相对应。换言之,学科教育或潜或显地为相应的社会部门服务(输出学科专业人才、科学知识、解决方案等)。当然,不同时空的社会部门对学科专业人才的需求必有不同。因此,根据学科教育活动服务对象的不同,我们可以把教育地理学分为师范教育地理学、农业教育地理学、水利教育地理学、工业教育地理学、商业(工商)教育地理学、医疗卫生教育地理学、社工教育地理学、科技教育地理学、宗教教育地理学、法律教育地理学、文化教育地理学、艺术教育地理学、旅游教育地理学、公安教育地理学、军事教育地理学、体育教育地理学、交通运输教育地理学、建筑教育地理学、环境教育地理学、党政(干部)教育地理学①,等等。

三、"教育—地理"学科知识融合的时间限度

　　"教育—地理"学科融合是一个历史的动态演进过程,既不会一蹴而就也不会永恒不变,具有明显的时序性和流变性。历史是一个多维时间的概念②,

---

① 罗明东:《教育地理学》,云南大学出版社、云南人民出版社 2012 年版,第 112 页。
② 赵汀阳:《历史之道:意义链和问题链》,《哲学研究》2019 年第 1 期。

正如史铁生所说:"历史的每一瞬间,都有无数的历史蔓延,都有无限的时间延伸"①。随着历史时间的不断延伸,"教育—地理"学科融合的深度、宽度都将逐步提升、扩张。因此,通过对教育地理的时序性考察,我们可以寻得特定地域的教育活动的历史演变规律,以及特定时期的教育活动与其他地理要素的相互关系的历史嬗变。具体可从共时性和历时性两个维度解析。

一是共时教育地理。在"教育—地理"学科融合领域,共时性是指特定时期的教育地理事象(包括教育地理现象、教育地理问题、教育地理实践)与同一时期的政治、经济、文化、空间、地域等的横向联系,亦即教育地理知识体系的横切面。根据横向联系,我们可以探讨不同历史时期的教育地理事象运行发展的基本规律和地域特征。因此,我们参考教育史学界传统的教育历史分期②和罗明东的教育发展阶段论③,把共时教育地理分为原始教育地理学、古代教育地理学、近代教育地理学、现代教育地理学、未来教育地理学(教育地理预测学)等。当然,这是宏观层面的总体分型,在研究实践中,可以聚焦某一具体时期,如抗战时期。可见,从横向来看,某一时期的地球陆地表层(世界各个区域)的教育地理事象都是共时教育地理的研究范畴,因为在任何一个时间节点上,教育地理皆是一个与其他地理要素相互勾连的完整系统,其生成的知识也就是教育地理的共时限度。

二是历时教育地理。在"教育—地理"学科融合领域,历时性就是指教育地理事象产生、发展(或转换)、结束(完成或消亡)的纵向发展过程,是教育地理知识体系的纵切面。可见,历时教育地理是从纵向沿时间轴研究某一教育地理从一个时代到另一个时代(后续时代)的发展变化和演进规律的教育地理分支领域。这既可是世界教育地理整体,也可是某一区域或地区的教育地

① 　史铁生:《我与地坛》,人民文学出版社 2011 年版,第 160 页。
② 　李春玉:《关于教育发展历史分期问题的研究述论》,《通化师范学院学报(人文社会科学)》2014 年第 9 期。
③ 　罗明东:《教育发展阶段新论》,《学术探索》2011 年第 3 期。

理,还可以是某一学校教育空间的历史演变。显然,随着区域范围的逐步减小,历时教育地理研究的科学问题就更加具体。从这个意义上看,人类教育活动从起始至未来无限延伸的时间节点间的教育地理事象的历史演变衍化规律都是历时教育地理需要探索和解释的对象。正是这一价值取向需求推动教育地理深化发展。

综上所述,以"教育—地理"相关学科知识交叉而融合生成的教育地理学,既是人文社会科学和自然科学耦合契生的知识增长点,也是复杂科学知识系统和"学科丛林"的新生事物,本质上折射着不断增长的人类知识对复杂教育实践困惑的回应,具有强烈的理论知识内生属性和外在环境应激逻辑。"教育—地理"学科融合的共时发展和历时演进已然表明:"教育—地理"学科融合是一个渐次深化、逐层发展的历史过程,其融合的深度、宽度、广度受限于人类科学知识体系框架内教育学、地理学及其他相关学科的规范化发展程度和概念知识的聚合程度。在知识发展固有逻辑支配下,"教育—地理"学科融合的内涵、边界及限度必然在周边知识和默会知识的积累与聚合过程中不断加深、拓展、扩张,驱动教育地理学成为一个更具批判力、解释力、建构力的网状化、序列化、具体化的概念群体知识体。

第三章　教育地理学的学科属性分析

　　"科学研究的区分,就是根据科学对象所具有的特殊的矛盾性。因此,对于某一现象的领域所特有的某一种矛盾的研究,就构成某一门学科的对象。"①在前述一章"教育—地理"学科融合分析阐释的基础上,本书在现代交叉学科的一般范式内,从根本上明确了教育地理学作为"教育学知识"与"地理学知识"相交融的一面。但在本书所限定的地理学视域内,这个"教育学知识到底怎样与地理学知识间建立起内在逻辑联系? 由此建构起的教育地理知识究竟属于谁? 其特性又如何?"尚需要作进一步的分析探讨。然而,复杂的教育地理学学科体系生成机理透视,其既无法如同生命体一样加以医学解剖和实验观察,也难以单纯依靠逐层深化的理论思辨来直接求解。假说演绎法作为一种"在观察和分析基础上提出问题,并通过推理和想象提出解释问题的假说,进而根据假说进行演绎推理,再通过实验检验演绎推理结论"的现代科学研究方法,在自然规律、事物机理、黑箱运行等领域的研究中,具有一定的适切性和指导性②。有鉴于此,本章特基于假说演绎的一般范式,围绕"明确系统地提出假说——分解假说并演绎推理——找寻论据来论证假说"三个层次对地理学视角的教育地理学学科属性作分析阐释,力图从特定侧面解构并揭示教育地理学的形成机理,为后续不断深化的教育地理学学科知识内容分析与解构提供基础性参照。

---

① 　《毛泽东选集》第一卷,人民出版社 1991 年版,第 284 页。
② 　段从宇:《基于假说演绎的高等教育结构形成机理研究》,《思想战线》2022 年第 4 期。

第一节　地理学的下位分支学科

科学假设是科学理论发展的重要形式之一,正如恩格斯所说"只要自然科学在思维着,它的发展形式就是假说"①。教育地理学作为一门横跨人文社会科学和自然科学的学科,既是科学理论深化发展的必然产物,也是客观实践持续驱动的应然结果。就其本质而言,教育地理学既不是区域范围内教育现象、教育问题的统合表征,也并非区域地理规制教育事象、教育活动的总体表达。可见,教育地理学必然关涉教育领域和地理领域,是这两大领域综合交互形成的科学知识体系或学科领域,其"学科价值不仅体现科学维度,还受到价值维度和伦理维度的高层次约束"②,意即教育地理学是一门与自然科学、教育科学、人文科学密切相关,具有自然—教育—人文综合特点的边缘科学,是整个科学体系中不可缺少,也是其他任何一门科学不可代替的③。那么,教育地理学的学科属性究竟是什么就需要科学探讨。对此,本书以地理学为研究支点,分析地理学视角下的教育地理学学科属性,为这个边缘科学的学科属性研究寻找切入点,亦即假设教育地理学是地理学的下位分支学科,具体从以下三个方面理解。

一、基本假设的必要性

学科属性是任何一门学科在建设和发展过程中必然面临的实践问题,也是一门学科的学科体系构建必须回答的理论问题,特别是对于边缘科学、交叉科学,其学科属性定向在一定程度上直接关系其未来状态和存废命运。因此,

---

① 恩格斯:《自然辩证法》,中央马克思恩格斯列宁斯大林著作编译局编译,人民出版社1971年版,第218页。

② 伊继东、姚辉:《教育地理学研究对象及内容的思考》,《云南师范大学学报(哲学社会科学版)》2012年第2期。

③ 陆大道、郭来喜:《地理学的研究核心——人地关系地域系统——论吴传钧院士的地理学思想与学术贡献》,《地理学报》1998年第2期。

探讨和构建教育地理学学科体系,必须洞悉和回应教育地理学的学科属性,清晰明确教育地理学的学科定向。进一步看,在不同的学科定向视域下,教育地理学的学科体系及其知识框架必定存在一定的差异,其学科属性的模糊也必然阻滞教育地理学学科的建设发展和成熟规范。

从教育地理学的客观实际看,教育地理学无疑是一门比较年轻的、极不成熟的、正处于初步发展阶段的学科,尚未形成具有教育地理特色的学科基础理论,典型的如具有学科特色的教育地理学的研究对象、研究方法、研究内容、研究范式尚未形成,难以为清晰回答教育地理学的学科属性提供理论条件。不可否认,学界既有研究从不同学科视角对教育地理学的学科属性作过一些探讨,也形成了一些论断,诸如有学者认为教育地理学属于教育学,也有学者认为教育地理学属于地理学,还有学者认为教育地理学属于人文地理学、经济地理学,更有学者认为教育地理学既是地理学、教育学的下位学科又是教育和地理的中介学科。这些论断在一定程度上为教育地理学的理论建设和学科建设提供了方向参考,也为教育地理学的持续发展奠定了理论基础。但是,从这些论断也不难看出,教育地理学的学科属性在学界尚未形成共识,分歧客观存在。同时,这些论断都缺乏从其视角本身对教育地理学的学科属性作深入系统的研究论证,更多是从个性化研究角度所作的学科归类。换言之,无论是在什么视角(如教育学、地理学、人文地理学、经济地理学、中介学科)下,我们都应该集中回答"教育地理学为什么属于教育学(或地理学,或人文地理学,或经济地理学,或中介学科)"这一科学问题。

因此,按照从特殊到一般的逻辑方法,从地理学这一特定视角对教育地理学的学科属性及其形成机理进行深入系统的分析探讨显得极其必要,亦即"教育地理学是地理学的下位分支学科"的基本假设具有一定的必要性。

二、基本假设的合理性

纵观科学发展史,各种新理论、新发明、新技术往往产生于学科的边缘或交叉点上,意即在相关学科的交融地带或邻接区域容易实现科学更深层次、更高水平的综合性发展。按照交叉学科生成与发展的一般机理和运行规律,教育地理学必然是在教育学知识和地理学知识交叉融合地带互动形成的,抑或没有教育学与地理学的互动交融就不可能有教育地理学。基于此,在学科生成的逻辑理路上,教育学和地理学应是教育地理学的母学科/上位学科,而教育地理学是教育学、地理学的子学科/下位学科。这充分说明教育学、地理学与教育地理学具有不可分割的亲缘关系,亦即教育地理学是典型的二元交叉学科。换言之,教育地理学是生成于教育科学部类和地理科学部类两大知识板块之间的"交叉性"边缘学科,是教育学与地理学的远缘结合或远交叉,旨在填平教育科学与地理科学两大知识板块间的沟壑和断层。在理论上,因为亲代学科"血缘"较远,教育地理学通常集中了作为亲代的教育学和地理学的各种优异性状,具有极为旺盛、顽强的生命力,当前蓬勃发展的教育地理应用研究即是明证。

从教育地理学的亲缘定位看,教育地理学的学科归属就有三种可能:一是教育地理学归属于地理学,意在强调将地理学的理论和方法移用到教育学领域,即运用地理学理论和方法研究教育现象、教育问题,着重探讨地球表层的教育活动;二是教育地理学归属于教育学,意在强调教育学对教育地理学的理论支持作用,着重探讨教育领域的地理问题,如义务教育的区域公平、平等;三是教育地理学既不单纯属于地理学也不单纯属于教育学,而归属于交叉学科/交叉科学,意在强调教育地理学是客观存在的一门独立学科,即教育学和地理学的理论和方法相互融合,研究某些共同性的课题。这三种可能是从教育地理学的不同层面探讨其学科属性,在本质上都在于回答"如何在特定区域现有条件下公平、有效配置稀缺的教育资源"这一基本主题。[①] 这在一定程度上体现了教育地理学的学科属性存在不确定性,急需进行综合性探讨。

---

① 尤莉:《论教育经济学研究中的教育学立场》,中国教育经济学年会会议论文集,2008年。

因此,按照不确定性分析的一般逻辑,从地理学这一特定视角对教育地理学的学科属性及其形成机理进行深入系统的分析探讨显得合理,亦即"教育地理学是地理学的下位分支学科"的基本假设具有一定的合理性。因为这一基本假设本身也是对教育地理学学科属性多种可能性的审视。

三、基本假设的可行性

一般而言,地理学着重研究地球表层人与自然的相互影响与反馈作用,而对人地关系的认识,素来是地理学的研究核心。[①] 在此基础上,著名地理学者吴传钧明确提出地理学的研究核心就是人地关系地域系统。[②] 就地理学的普遍认知,地理学可分为自然地理学和人文地理学两大领域。相对于自然地理学而言,人文地理学是一门产生时间较短、发展速度较快的地理学分支学科,[③]在地理学科体系中具有重要地位,可为人文事象或人类社会活动的定向、规划、布局提供科学依据。特别是近几十年来,现代地理学的理论、技术、方法得到不断创新发展,其正处于向地理科学华丽转身的历史进程,并在服务政府决策与国家需求中得到持续发展和提升。[④] 从总体上看,现代地理学的研究主题呈现从"多元"走向"系统"的特征,强调以地球表层系统尤其是陆地表层系统研究为重点,运用地理科学的系统视角与科学工具,综合研究和探索当今人类社会面临的重大问题,[⑤][⑥]为未来社会发展提供系统的地理科学技术支撑[⑦]。当然,在未来地理学的发展中,教育地理学仍难以在短期内成为地

---

① 吴传钧:《论地理学的研究核心——人地关系地域系统》,《经济地理》1991年第3期。

② 陆大道、郭来喜:《地理学的研究核心——人地关系地域系统——论吴传钧院士的地理学思想与学术贡献》,《地理学报》1998年第2期。

③ 罗明东:《教育地理学:一个崭新的研究领域》,《教育发展研究》1997年第6期。

④ 傅伯杰:《地理学:从知识、科学到决策》,《地理学报》2017年第11期。

⑤ 傅伯杰:《地理学综合研究的途径与方法:格局与过程耦合》,《地理学报》2014年第8期。

⑥ 傅伯杰:《地理学:从知识、科学到决策》,《地理学报》2017年第11期。

⑦ 陈发虎、张国友:《中国地理学的发展》,《科技导报》2020年第13期。

理学学科建设主流,因为教育地理学的学科特色、理论特征尚不明确,其"边缘性"特征依然突出。因此,如何实现教育和地理的系统综合与耦合,是教育地理学者必须解决的重要科学问题。

从本体特性来看,教育活动是人文地理范畴内极为重要的现象,是陆地表层系统的重要构成。换言之,在陆地表层系统中,教育本就是人文地理要素之一,与政治、经济、文化、人口、科技等一并构成了人文地理要素系统,亦即教育具有明显的人文属性和地域性(或空间性)。固然,教育活动既受自然地理环境的约束,又受人文地理要素的影响,但在现代科技驱动下,教育受自然地理环境的约束程度有所减弱。这在本质上折射的是教育与地理的关系即作为人地关系组分的"教—地"关系,因为教育是人类社会一种特殊的实践活动。[①]可见,对这一关系开展科学研究,具有明显的地理学意义,可解决教育与地理环境的特殊矛盾,丰富和拓展地理学特别是人文地理学的学科知识体系。[②]

因此,从地理学这一特定视角对教育地理学的学科属性及其形成机理进行深入系统的分析探讨具有一定的科学依据,亦即"教育地理学是地理学的下位分支学科"的基本假设具有一定的可行性。并且,基于教育的人文属性,我们可以把基本假设进一步细化为"教育地理学是人文地理学的下位分支学科"。

第二节　地理学分支学科的理论合理性

前述第一部分已明确提出论点并加以详细分解。在本节,我们将着力从理论层面找寻那些具有普遍性的思想基础和文化依据来佐证"教育地理学是地理学的下位分支学科"以及"教育地理学是人文地理学的下位分支学科"的理论观点。

---

① 叶澜:《中国教育学发展世纪问题的审视》,《教育研究》2004 年第 7 期。
② 罗明东:《教育地理学:一个崭新的研究领域》,《教育发展研究》1997 年第 6 期。

一、人地关系理论对教育地理学的理论支撑

如前所述,地理学的理论研究已经充分表明,人地关系始终是地理学研究的核心内容,在此基础上建构的人地关系理论必然是地理学及人文地理学的基本理论。无论是传统的环境决定论,还是现代的可能论、生态论、协调论,都意在调节和处理人类社会活动与地理环境的关系,最终实现人与自然的和谐发展和可持续发展。具体而言,人是社会活动的主体,人类社会活动就是由作为社会活动主体的人参与的政治、经济、文化、教育、人口、科技等诸多活动集成的庞大系统,而政治、经济、文化、教育、人口、科技等分别又是由多种要素构成的次级系统。而地理环境是指由自然和人文要素按照一定规律相互交织、紧密结合而成的地理环境整体。① 从人地关系来看,不管是整体意义上的人类社会活动(全集),还是个体意义上的某一项人类社会活动(子集),皆须依托一定的地理空间,以特定的地理环境为"底板",离开地理环境谈论任何人类社会活动,将会犯地理虚无主义错误,但这并非主张"地理环境决定论",意在强调地理环境对人类活动的影响和约束。基于这个层面,教育与地理的关系就是人地关系的众多内容及要素之一,教育与地理关系系统也就是人地关系系统的组成部分或次级系统,亦即人地关系包含教地关系、人地关系系统包括教地关系系统。无疑,教地关系自然可纳入人地关系理论及人文地理学的研究范畴,亦即教地关系可运用人地关系理论进行理论阐释和解构。由此可推知,人地关系理论是以教地关系为研究对象和研究核心的教育地理学的重要思想基础。

进一步看,教育活动具有明显的地域性、空间性,不同地方、区域、地域的教育活动具有不同的地域功能和地域结构及运行环境,意即在特定的地理空间对教育的规划布局、规模结构、工程设计、格局过程应与其特定的地理条件

---

① 吴传钧:《论地理学的研究核心——人地关系地域系统》,《经济地理》1991 年第 3 期。

相适应、相协调。① 透过著名地理学者吴传钧提出的"人地关系地域系统是地理学研究的核心"的理论观点②,按照一般到具体的演绎原则和系统论的基本理路,教育地理学的研究对象就是教育空间系统,教育地理学的研究核心就是教育地域系统,意即教育地理学的研究核心是地理学研究核心的具体化、特殊化及教育地域系统是人地关系地域系统的具体化、特殊化。③ 可见,人地关系地域系统理论彰显了教育地理学的地理学属性。

二、教育外部关系规律对教育地理学的知识参与

按照教育内外部关系规律,在普遍意义上教育具有两大基本规律即教育与社会发展的关系(教育外部关系规律)和教育与人的发展的关系(教育内部关系规律)。其中,前者分析把握教育与其他社会因素的物质流、能量流、信息流的交互关系,即教育活动运行的外因;后者注重探讨教育本体内部各要素的组合方式、运行机制、作用原理,即教育发展的内因。二者的综合作用驱动教育发展并展现教育事象的"总体图景"。根据内外因辩证关系原理,教育外部关系的运行状态是教育空间分布与秩序及可持续运行发展的重要条件,亦即通过教育与外部因素之间的物质能量信息的不断交互实现教育系统的稳态运行。

从教育外部关系看,教育活动及教育发展受自然条件、政治(制度)、经济(生产力)、文化、人口、科技等一系列外在环境因素的影响和约束,但在总体上受政治制度、经济发展水平、历史文化基础、人口数量质量、科技发展程度等因素的规制。在本质上,这些因素都是教育活动运行及教育发展进步的驱动

---

① 李增华、伊继东:《我国教育的空间分异及其破解论略——基于地理学视角的探讨》,《当代教育与文化》2021年第1期。

② 吴传钧:《论地理学的研究核心——人地关系地域系统》,《经济地理》1991年第3期。

③ 潘玉君等:《教育地理区划研究:云南省义务教育地理区划实证与方案》,科学出版社2015年版,第1页。

因子。按照一般系统论的内在逻辑,政治(制度)、经济(生产力)、文化、人口、科技等是社会环境巨系统的子系统或次级系统。这些子系统在广泛意义上和本质上,都可归属于人文地理要素系统范围,亦即教育的人文环境,其与教育的综合作用关系(诸如教育—政治关系、教育—经济关系、教育—文化关系、教育—人口关系、教育—科技关系)关乎教育活动的程度(深度和广度)和教育运行的水平(数量和质量)。可见,教育内外部关系规律中的"教育外部关系规律"在一定程度上是具有地理学意义的理论知识,可借以作教育的生态分析或环境分析,以及国别教育的地缘环境分析或地缘(边境、边疆)教育研究。

三、教育地理学学科要素的本体表征

从学科成熟度和独立性来看,教育地理学无疑是一门尚未成熟的现代学科。但在长期的发展过程中,教育地理学的理论基础、研究对象、研究内容、研究方法等学科要素逐步彰显并不断完善。这些要素的地理学倾向和特性在一定程度上表征了教育地理学的地理学属性。主要从以下四个方面理解。

首先,学科理论基础的地理学表征。从学科发展的历史渊源看,教育地理学是在地理学家对人文地理、文化地理、经济地理、历史地理、景观地理、政治地理、地理教育深化研究的基础上逐步发展起来的,其本身的地理学背景比较突出。因此,长期以来,教育地理学主要是以地域分异规律、地域综合规律、地域发展规律等地理环境发展规律和人地关系理论、地域分异规律理论、区位理论等地理学综合理论为基础建构的。换言之,从目前教育地理学学科运行状态来看,在基本理论建构上,地理学学科参与的比较多,而教育学相对偏少。

其次,研究对象的地理学表征。独特的研究对象既是一门学科建立与发展的根本规定,也是一门学科基本理论形成与体系框架建构的重要前提。关于教育地理学的研究对象,笔者已明确提出教育地理学的研究对象是教育空间系统并对其作了系统分析。这里不再赘述。客观而言,教育空间系统蕴含

并体现了地理学的整体性（观念）、综合性（观念）、区域性（空间观念）、层次性（系统层次、区域尺度）、动态性（时间观念）、生产性（因地制宜、实用观念）、生态性（可持续观念）、辩证性（观念）等特点与观念。进一步看，"教育的本质是传播（dissemination）知识，地理学的本质是空间（spatial）关系，知识的传播和获取必然受传播的空间维度影响，同时也反作用于空间维度（可以使教育的空间尺度改变）"。① 从这个角度看，教育是时空结合的产物，因为空间分布是人类教育活动存在和发展的重要形式。除客观空间以外，人文主义地理学更强调主观空间、强调"从主体看空间"的人文主义新视角②。因此，作为人文地理范畴的教育地理事象必然具有空间的共时性和时间的历时性。③基于此，教育地理学的研究对象表征了其地理学属性。

再次，研究方法的地理学表征。从方法论来看，无论是传统学科评判方式，还是现代学科评判机制，具有学科特色的研究方法依然是评判和考察一门学科是否成熟独立的重要因素。教育地理学发展至今，尚未形成具有教育地理学科研究特色的教育地理研究方法。其主要研究方法、手段、技术都来自于地理学研究方法，甚至是直接挪用/嫁接，具体表现在勘查、观测、记录、制图、区划与规划、空间统计、地理信息系统、遥感等多种技术手段和调查方法（含地理社会调查、科技文献资料法及描述、比较、归纳）、空间模型方法（如统计分析模型、规划管理模型、系统分析模型）、社会学方法（如现象学方法、时间地理学方法、社会生态学方法）、系统分析方法等人文地理研究方法，建立教育地理模型和决策支持系统，为区域教育决策和管理服务④。据此可知，教育地理学现有研究方法明显表征其地理学属性，亦即将地理学的方法技术移用到教育领域。

---

① Colin Brock, "Comparative education and the geographical factor", *Journal of International and Comparative Education*, Vol.2, No.1(April 2013), p.10.
② 王圣云:《空间理论解读:基于人文地理学的透视》,《人文地理》2011年第1期。
③ 罗明东:《教育地理学》,云南大学出版社2003年版,第99页。
④ 傅伯杰:《地理学:从知识、科学到决策》,《地理学报》2017年第11期。

最后,研究内容的地理学表征。随着教育地理研究的不断发展,教育地理学的研究内容日趋宽泛。从既有研究看,教育地理研究的内容主要体现在教育土地规划利用、教育设施(学校)选址、家校距离(可达性)、各级各类教育空间布局、区域教育发展(含各尺度与层级教育区域①)、区域教育资源配置、区域间(城乡间、校际间)教育公平与协调、教育区划、国别教育比较、地缘教育、边境教育安全、教育功能区、民族地区教育、校园环境、学校教育空间、教育历史地理、教育地理信息系统、教育地图、教育地球,等等。这些研究内容在一定程度上都是从地理学的视角探讨具有地理学意义的教育问题,也着重在一定程度上为教育的空间布局和区域协调形成解决方案。因此,教育地理学的研究内容在一定程度上表征了其地理学属性。

第三节　地理学分支学科的实践合目的性

根据马克思主义基本原理,任何社会实践活动都有其目的性,正如马克思所说"实践归根结底是制造使用价值的有目的的活动,是为了人类的需要而占有自然物"②,意即作为社会实践活动主体的人是在改造物质世界的过程中实现自身的目的,也就是说实践在本质上是一种价值创造活动。③ 从这个意义上看,作为科学研究实践活动之一的教育地理研究实践也具有合目的性的特性。因此,在前一部分阐述"教育地理学作为地理学分支学科"具有理论合理性的基础上,本节将从实践合目的性层面对"教育地理学作为地理学分支学科"的观点作进一步阐述。

---

① Susan Mayhew, *Oxford Dictionary of Geography*, New York: Oxford University Press, 2009, p.443.

② 《马克思恩格斯全集》第 23 卷,人民出版社 1972 年版,第 208 页。

③ 司晓莉:《对实践合目的性合规律性的再思考》,《河南师范大学学报(哲学社会科学版)》1999 年第 3 期。

一、学科属性问题研究推动教育地理学学科的建设发展

众所周知,学科属性问题是学科体系建设和学科持续健康发展的基本问题,意即学科属性的"模糊"或"混沌"状态将阻滞学科从边缘走向主流。教育地理学作为一门边缘学科,在很长时间都经受学科属性的"模糊"与"混沌"的窘境,在一定程度上制约了教育地理学学科建设和深入发展,其在根本上是学科发展方向的困惑或疑虑。具体可从以下三个方面理解。

首先,从学科建设方向看,在实践中,教育地理学可能从地理学、教育学、交叉学科三个学科领域展开。而在当前学科建设实际中,全国唯一设置有"教育地理学"专业(硕士、博士层次)的高校——云南师范大学,明确把"教育地理学"归属在地理学一级学科目录下。这在客观上无形肯定了"教育地理学"的地理学属性。

其次,从学科体系建构看,学科体系建设极为滞后。学科体系通常应包括学科知识体系和非学科知识体系两大板块。在目前学科建设实际中,无论是学科知识体系还是非学科知识体系,都是比较薄弱的。在学科知识体系方面,受学科属性模糊影响,教育地理学在地理学下仍然属于"偏门"学科,处于地理科学体系的极度边缘位置,尚未形成地理学界具有普遍共识的教育地理学学科知识体系。而在非学科知识体系方面,仅有的具有教育地理学专业招生资格的云南师范大学已基于学科评估、队伍力量、科研平台等多种因素考量在2019年自主停止了教育地理学专业硕士研究生和博士研究生的招生。这无疑给教育地理学学科发展蒙上"阴影",更在一定程度上映射了地理学(家)对参与教育地理学建设的"信心不足"和"前景迷茫"。

最后,从学术共同体建设看,教育地理学的学术共同体尚未形成。尽管教育地理研究日益受到重视,学界对教育地理学的关注也在逐步提高,但在总体上关涉教育地理学的研究力量、人才队伍、报纸期刊、项目组织、制度安排、归属感等较为缺乏,典型的如国际地理联合会主办的历届"国际地理大会"一直

未将"教育地理学"或教育地理学领域科学问题列为大会议题(论题)①,至今没有教育地理方面的学术社团或研究协会、专门的教育地理学学术期刊或报纸,相关研究成果(论文)大多刊发在综合类社科刊物,偶有刊发在地理学、教育学专业刊物。可见,教育地理学无论是在地理学领域还是教育学领域的学科认同度都不高,在一定程度上必定归因于其学科属性模糊。

基于上述分析,教育地理学学科建设的现实实践已经昭示:加强教育地理学学科属性问题的科学研究是教育地理学学科建设发展不容回避的现实问题。在地理学的特定视角下探讨教育地理学的学科属性,对于从地理学学科领域汲取"理论营养"和"建设经验",推动教育地理学学科建设具有重要的实践价值。

二、教育地理学研究拓展现代地理学的科学体系

从学科生成轨迹看,任何一门学科都不是一蹴而就也不是一成不变的。而且,任何学科在发展过程中都可能面临两种极端结局:一种是通过纵向挖潜提升学科发展的内涵深度和横向扩张增强学科发展的外延宽度,形成复杂化、网状化的学科体系结构,实现"学科树"的"枝繁叶茂";另一种是在既有学科逻辑上固守成规、孤芳自赏和"同质化"发展,缺乏学科内涵厚度和外延张力,走向消亡(或被其他学科涵化)。基于这一逻辑,一门学科只有不断守正创新、内涵外延共同发力,才能保持旺盛的生命力,屹立于"学科之林"。

地理学作为一门既古老又年轻的独立学科部类,从古代地理学到近代地理学再到现代地理学②,从自然空间转向社会空间、现实空间转向虚拟空

---

① 武旭同、傅伯杰、王帅:《连接科学与社会——从第33届国际地理大会看地理学的发展态势》,《地理学报》2016年第10期。
② 刘敬华:《传统地理学和现代地理学》,中国地理学会2013年学术年会·西南片区会议论文集,2013年。

间①,无不体现出其学科的韧性、包容性、综合性,使现代地理学更加地与人类社会实践紧密结合,也推动地理学本体蓬勃发展,正如著名地理学者傅伯杰院士所言"地理学是探索自然规律,昭示人文精华的一门学科"②。在本质上,地理学是经世致用的科学,其理论和方法在解决人类社会所面临的资源环境、空间格局等重大问题具有独特的学科优势。③ 从地理学的发展历程看,现代地理学在承继了勘察观测、绘图制图、区划规划等传统优势的基础上,更加注重应用空间统计、对地观测、地理信息系统、遥感等多种技术手段,建立模型和决策支持系统,为决策和管理服务。④ 可以说,地理学必将研究和解决更加复杂、多元、综合的人地关系,涉及的人类社会活动领域和实践问题愈加广阔和宽泛。运用地理学的理论、方法和技术解决教育问题或教育领域的地理问题就是地理学议题横向扩张和纵向深化的典型表现之一。在此基础上凝练而成的教育地理学也必然是地理科学知识体系不断充实的表征。

因此,对教育地理学的学科属性探讨,不仅有助于廓清教育地理学的学科边界,丰富教育地理学的基础理论,也有助于推动地理学的学科体系建设,促进地理学的内涵深化和外延拓展,更有助于引领地理学参与教育地理问题解决方案的研究制定。

三、教育地理实践问题破解的学科呼应

如前所述,地理学本质上是一门经世致用的科学,以其为理论基础的教育地理学必然也是经世致用的学科,具有应用性、综合性和交叉性特征。在客观上,教育地理学形成与发展的初衷就在于解决教育地理实践问题。换言之,教

---

① 孙中伟、王杨、田建文:《地理学空间研究的转向:从自然到社会、现实到虚拟》,《地理与地理信息科学》2014 年第 6 期。

② 傅伯杰、冷疏影、宋长青:《新时期地理学的特征与任务》,《地理科学》2015 年第 8 期。

③ 傅伯杰、冷疏影、宋长青:《新时期地理学的特征与任务》,《地理科学》2015 年第 8 期。

④ 傅伯杰:《地理学:从知识、科学到决策》,《地理学报》2017 年第 11 期。

育地理实践问题孕育并驱动了教育地理的学科化、体系化发展,恰如"脱离了实践的理论是空洞的理论,脱离了理论的实践是盲目的实践"①。

回顾教育地理学发展的过程,无论是 20 世纪三四十年代教育地理研究初期主要探讨的教育土地使用、教育设施(学校)选址等问题,还是 20 世纪六七十年代后地理学研究的空间转向引领下教育地理研究主要探讨的教育空间布局、教育资源配置、教育均衡协调、区域教育发展、国别教育比较、地缘教育(或教育地缘分析)等教育地理格局与过程问题,都充分体现了教育地理学学科化发展诉求是源于教育地理实践问题破解的客观需要。亦即随着人类社会的逐步发展,人类自身对教育的需求显著增加,鉴于资源"稀缺性"典型特性,教育资源供给与需求的矛盾越来越突出,特别是优质教育资源的严重不足及其分布不平衡的问题日渐显现,甚至成为加剧社会矛盾、影响社会公平的重大问题。比如,改革开放 40 余年来我国教育已从"积贫积弱"进入世界中上行列,国民的整体素质和受教育水平全面提升②,教育强国建设稳步推进,但从全国来看,区域间教育发展不平衡、城乡间教育发展不协调、校际间发展不均衡等教育空间分异问题③,仍然是当前我国教育面临的重大问题④。这些重大问题的破解,单纯依靠教育学学科本身是难以解决的,甚至已经超越教育领域,其中很多问题属于地理学领域,需要运用地理学的理论、方法、技术加以解决。从这个角度看,将教育地理学作为地理学的下位分支学科符合学科创生的预期目的。

---

① 董振华:《实践性是马克思主义哲学的显著特征》,《光明日报》2018 年 5 月 22 日。
② 张烁:《我国教育事业总体发展水平挺进世界中上行列——个个有学上　人人可出彩》,《人民日报》2018 年 9 月 27 日。
③ 张倩琳、李晶:《中国基础教育的空间差距与空间分异格局研究》,《现代教育管理》2019 年第 4 期。
④ 李增华、伊继东:《我国教育的空间分异及其破解论略——基于地理学视角的探讨》,《当代教育与文化》2021 年第 1 期。

四、现代交叉学科建设的实践需要

学科交叉是现代科学创新发展的重要动力①,通过学科交叉形成交叉学科是现代科学的重要表征。毋庸置疑,现代交叉学科在解决一些重大而复杂的科学问题和前沿问题时已经发挥了重要作用,体现了其独特的科学价值和方法论优势。20 世纪 30 年代以来美国、欧洲等就对交叉学科研究十分重视②,特别是在 20 世纪 70 年代正式建立了"交叉学科学位"③门类,取得了一系列重大科技成果,也推动形成了一批新兴交叉学科。而我国在交叉学科研究方面起步相对较晚,研究基础薄弱,但近年来我国高度重视交叉学科研究,据不完全统计国内已有北京大学、清华大学、中国科学技术大学等 56 所高校建立了交叉学科学位点和交叉学科研究基地,尤其是在 2020 年设立了"交叉学科"门类,必将推动交叉学科研究的快速发展。

当然,鉴于交叉学科突破了传统单一学科的限制,必定是两门及其以上学科的交互融合,其学科属性自然十分复杂,典型的如远缘交叉、"界"间交叉(自然科学部类与人文社会科学部类交叉)形成的交叉学科的学科属性一直是学科建设的困惑与争论点。一般而言,我们可以从两个层面去探索交叉学科的学科属性,一是从缘起学科层面解析,典型的如二元(或三元、四元)交叉学科就从两个(或三个、四个)缘起学科(母学科)寻找其学科归属,这种解析逻辑主要针对借用式交叉学科或合成式交叉学科;二是从交叉特性层面探讨,典型的如概念式交叉学科即在相关母学科的理论和方法相互融合的基础上形成的新的学科知识系统,有独特的理论和方法,其学科属性不属于任何母学

---

① 郑文涛:《学科交叉是哲学社会科学创新发展的重要动力》,《光明日报》2016 年 10 月 4 日。

② 郑晓瑛:《交叉学科的重要性及其发展》,《北京大学学报(哲学社会科学版)》2007 年第 3 期。

③ 张建卫等:《美国交叉学科博士研究生的培养:现状评析与实践启示》,《学位与研究生教育》2015 年第 9 期。

科,只能依据其"交叉性"归入"交叉学科群"。① 进一步看,对于某一交叉学科的发展初期(借用式交叉学科或合成式交叉学科阶段),从缘起学科层面探寻交叉学科的学科属性,有益于提升交叉学科的专业深度。基于这一分析逻辑,教育地理学目前尚未达到教育学理论和地理学理论及相关学科理论高度融合的"境界",没有形成独特的学科理论和方法,并非是独立成熟的"概念式交叉学科"。因此,从地理学视域探讨和解析教育地理学的学科属性,吻合教育地理学所处的发展阶段。换言之,将教育地理学作为地理学的分支学科,有助于提升教育地理学的专业深度。这种解析机理也可为交叉融合程度不高、处于发展初期的交叉学科的属性分析提供借鉴。

综上所述,教育地理学聚焦教地关系(教育活动与地理环境的相互关系),突破了传统的地理学和教育学学科边界,是一门经世致用的典型"界"间交叉学科,具有教育性、人文性、应用性、综合性、交叉性、相对独立性等基本特性。② 从交互融合程度看,目前教育地理学仍然处于借用式交叉学科或合成式交叉学科阶段,离缘起学科教育学和地理学在相关理论和方法上的高度融合即概念式交叉学科阶段还有很大的距离。因此,将教育地理学作为地理学的下位分支学科特别是作为人文地理学的下位分支学科,既具有理论合理性,又具有实践合目的性。故我们应引导和鼓励地理学更多地参与教育地理学的学科建设,在纵向提升教育地理学的专业深度和横向增加教育地理学的知识张力,推动教育地理学学科化、体系化、制度化发展。

---

① 张建卫等:《美国交叉学科博士研究生的培养:现状评析与实践启示》,《学位与研究生教育》2015 年第 9 期。
② 伊继东、刘六生、段从宇:《探索交叉学科学位点建设的特点和规律》,《中国高等教育》2016 年第 11 期。

第四章　教育地理学的学科知识厘定

　　学科知识内容是学科知识体系构建的基本前提,没有学科知识内容就无从探讨学科知识体系,更不可能有学科创生发展及其体系构建,意即探讨学科知识体系必须梳理学科知识内容。因此,本章将在上一章节基本明确地理学视域内教育地理学是地理学下位分支学科的理论认识(抛开特定的学科视角审视,就其本然来看,我们认为教育地理学是一门研究教育活动与地理要素相互影响、相互作用、相互制约的规律的新兴交叉学科)的基础上,继续在地理学视域内展开教育地理学学科知识内容的分析解构,为教育地理学学科体系的总体框架塑型与建构提供知识基础。

第一节　教育地理环境系统

　　教育是地表空间范围内特有的地理事象,也是地理环境中特殊的人文景观。从本质上看,地表空间中的教育的根本目的在于培养人,促进人的身心发展。诚然,人的发展是教育、社会环境、生物遗传因素综合作用的结果,亦可谓"一体三面"。这三个方面都是人自身实现全面自由发展不可或缺的,单独强调哪一个方面都有失偏颇,亦即若过于强调社会环境对人的发展的影响就会走向环境决定论/唯环境论,若过于强调生物遗传因素对人的发展的影响就易走向遗传决定论/唯遗传论,若过于强调教育对人的发展的影响而忽略其他因素就易走向教育决定论/唯教育论。因此,教育不可能超然于地理环境,必然受到地理环境要素(包括位置、气候、水、地形等自然环境要素和政治、经济、文化、科技、人口等人文环境要素)的影响。从地理环境要素作用的方向看,这种影响主要体现在两个方面即驱动机制和约束机制,亦即地理环境要素对教育的展开与实施具有促进作用和限制效应。基于此,下面将从教育地理环境对教育本体的驱动机制和约束机制两个维度就教育地理学的学科知识内容展开分析。

一、教育地理环境系统的驱动机制维度

从教育地理事象的演进机制看,地理环境系统对教育(系统)的稳态运行和持续发展具有促进作用,是从微观层面个体教育到宏观层面整体教育的重要驱动因子,意即在一定程度上地理环境系统确立了教育发展的自然条件和社会条件,抑或提供了教育存在和发展的基础。在一般意义上,教育地理环境是教育运行发展必不可少的外在因素。这些外在因素孕育、滋养、促动教育不断向前发展。主要体现在自然环境、政治要素、经济要素、文化要素、人口要素、科技要素等六个方面。

第一,从自然环境看,自然条件是教育持续存在和稳定发展的先天可能。这可从两个方面理解:一方面,就地理学的普遍认知,自然地理环境为一切教育活动提供必要的自然条件和地理位置,也只有在一定的自然地理环境及区位点基础上,才有探讨并实施教育活动的可能,典型的如教育活动难以在沙漠、深空、深海、南极、北极等极端环境条件中普遍施展。另一方面,受地带性因素、非地带性因素等的影响,地球表面的气候、土壤、水、地形、地势、海拔等自然条件存在地域分异,意即特定尺度下不同区域间的自然地理环境具有明显差异,由此形成的地域结构、地域功能、地域组合也必然不同。显然,这些不同的自然地理环境因素为教育发展结果带来了多种可能性和不同可能性,意即在地域分异规律的影响下教育事象也必定存在地域分异,抑或不同区域的教育运行状态、发展水平、结构功能、演进机制、传播形制都有所不同,形成了

不同地域特色的教育景观,正如马克思所说"不同的公社在各自的自然环境中,找到不同的生产资料和不同的生活资料。因此他们的生产方式、生活方式和产品,也就各不相同"①。当然,在一般意义上,相对优越的自然条件或区位位置更加有利于驱动教育发展,较易形成特定区域教育发展的先天优势或区域教育增长极、核心区。

第二,从经济要素看,一定的经济发展水平是区域教育运行发展的物质基础。教育作为地表空间内一种特殊的地理事象,从产生开始就同人类社会获取物质资料的劳动过程紧密联系在一起,与人类经济活动不可分割。② 而且,随着经济发展水平的不断提高,经济领域对教育的需求及促进作用将日趋强烈。当前无论是发达国家(或地区)还是发展中国家(或地区),甚至落后国家(或地区),都着力在发展本国经济或区域经济的基础上加大教育投入就是对这一趋势的积极回应。从这个意义上看,任何教育活动或教育地理事象都需要一定的物质条件,尤其是教育设施设备、机构场所、教师队伍、校园环境、教育土地等供给都应有必要的经济投入,意即必要适度的经济保障是教育存在及发展的基础条件。进一步看,在既有经济发展水平的基础上,经济数量增长和经济质量提升能带动教育规模的扩大和教育质量的升华。尽管这是一种理想预期,因为经济发展或经济增长后地方政府管理机构可能会出于教育投资的长期效应(回报周期长、政绩显现慢)而暂缓或迟滞加大教育投入,但即便如此,区域经济发展或经济增长至少为进一步扩大地方教育投入(典型的如扩大义务教育范围、缩小区域教育差距、推动高等教育大众化等)提供了可能性(公共财政来源和民间经济渠道)。同时,经济发展也能进一步激发社会大众自愿接受教育的动机,扩大教育需求和教育消费,进而又促进经济发展,实现基于"供给—需求"关系的区域教育与经济的良性循环发展。借此可言,区域经济的持续发展对教育活动的有序运行具有重要的驱动作用和正向功能。

---

① 《马克思恩格斯全集》第 23 卷,人民出版社 1972 年版,第 390 页。
② 袁振国主编:《当代教育学》(修订版),教育科学出版社 1999 年版,第 380 页。

　　第三,从政治要素看,政治发展是教育稳健发展的重要保障。现代政治学①和教育学的有关研究已经揭示完全脱离于或超然于政治的所谓"教育独立"是不可能存在的,其二者之间的关系只能是"教育相对独立于政治"。②除原始社会教育基于"自然分工"(包括生理分工和自然地域分工)而与社会生产生活融合在一起外,从古代社会到现代社会,政治都在不同层面、不同程度上对教育(系统)的演进发展发挥着重要作用。主要体现在四个方面:一是政治制度是国家及其区域教育发展的制度基础,特别是推进教育制度化并为制度化教育确立基本的方向、规则、体系、方法,保障教育健康稳定运行。二是政治稳定能为国家及其区域教育发展提供稳定的社会环境特别是安全有序的教学、学习、科研环境秩序,促进教育系统的总体稳定。三是政治变革(诸如政治革命、政治改良、政治改革)可推动国家或区域的教育变革,特别是在和平年代通过教育政策改革工具,不断调整、优化、废除公共政策领域不适应教育发展时代要求和实践要求的政策规定,进而调整特定区域内人们的教育利益关系,实现教育系统有序发展。四是政治民主化促进教育民主化(包括"教育的民主"和"民主的教育"③),特别是推动国家及其区域教育平等、受教育基本权利保障、公民学习权益维护(如终身学习)、学校整体民主性④、教育资源优化配置(如区域间、城乡间、校际间教育的空间分异逐步缩小)等。

　　第四,从文化要素看,文化本体是教育发展的内在机制⑤。在本质上,文化是人类在社会实践过程中能动创造的产物,也是人类在一定的现实客观条件下实现的,并在与教育的互动中实现自身的传承、更新、发展和再创造,正如

---

　　①　李爱华主编:《现代政治学》,北京师范大学出版社 2009 年版,第 1 页。

　　②　袁振国主编:《当代教育学》(修订版),教育科学出版社 1999 年版,第 412 页。

　　③　夏剑:《如何理解杜威教育哲学中"民主与教育的关系问题"》,《教育学报》2016 年第5 期。

　　④　周金山:《论学校教育民主及其实现》,华中师范大学博士学位论文,2018 年。

　　⑤　麻艳香:《文化:教育发展的内在机制——教育与文化的关系研究》,《甘肃社会科学》2010 年第 2 期。

马克思所说:"人们自己创造自己的历史,但是他们并不是随心所欲地创造,并不是在他们自己选定的条件下创造,而是在直接碰到的、既定的、从过去承继下来的条件下创造。"①由此可见,作为地表空间的文化要素整体或地域文化,必然与人类社会的社会生产、政治经济活动紧密联系在一起,也必然弥散在以人才培养、劳动力再生产、文化传承为主的教育实践过程中。因此,在一定区域内,文化本身就是一种或显或隐、或大或小、或强或弱的教育力量,对人类自身发展具有多种功能和效用,②主要体现在三个方面:其一,在宏观意义上,地表空间范围内由数个文化丛相互相联而成的文化圈(涵盖政治体制、经济生活、社会意识形态、科技教育体系、宗教、团体、风俗习惯、传统、生产力水平等诸多要素③)为教育发展或教育活动展开提供了相应的文化环境、文化氛围,潜移默化地教育引导置身于教育过程中的"人"。其二,在中观意义上,一定的地域文化(包含若干文化丛或文化因子)生长形成具有地域特色的教育文化景观,典型的如形成具有地域特色的、地方性的、区域性的学校文化(各式各样的校园文化环境、空间布局)、班级文化(理念、制度、结构、内外关系)、课堂文化(教学风格、教室空间格局、课堂氛围、教学行为),对教育活动展开及教育系统运行起着重要的驱动作用。其三,在微观意义上,某种(类)文化(因子)就是特定区域教育直接的教育内容、教育行为、课程教材,抑或为教育活动提供直接的素材,诸如把具有内在一致性、关联性、整体性的知识聚合起来即可作为体系化的学科课程(教学科目)④,家庭文化即是家庭教育的重要内容或"潜隐教材",民族传统文化即为民族教育的基本素材。

第五,从人口要素看,人口基础是教育活动持续施展的前提条件。历史唯物主义认为,人是历史活动的主体,也是社会发展的目的,正如马克思所说

① 《马克思恩格斯选集》第 1 卷,人民出版社 1979 年版,第 603 页。
② 徐赟:《文化是一种怎样的教育力量》,《思想理论教育》2012 年第 18 期。
③ 谢伦灿:《每一种文化丛经过传播后形成了文化圈》,2021 年 1 月 18 日,见 https://new.qq.com/rain/a/20210221A08ZXK00。
④ 孙振东、田娟:《关于学科课程的若干认识误区及其澄清》,《教育学报》2020 年第 4 期。

"人既是历史的剧作者,也是剧中人"①。这充分表明人是社会实践活动的主体。因此,从目的性看,作为地理空间特殊实践活动的教育,其最高目的就是要把人培养成社会历史活动的主体。② 鉴于此,教育活动存在和发展的前提都在于"现实的人",或者说由若干"现实的人"构成的群体为教育活动提供了前提条件。进一步看,以培养人为目的的教育活动,在一定的区位条件(自然条件和人文条件)和环境承载力基础上,适度的人口数量、优化的人口结构(如性别结构、年龄结构、区域结构)、较高的人口质量和良好的人口活跃度能有效驱动教育事业的稳定可持续发展。③

第六,从科技要素看,科技发展是推动教育发展的重要条件。一般而言,科技包括"科学"和"技术"两个方面。其中,科学是真理性的知识体系,特别是 20 世纪中叶以来,科学已经不再是一种单纯的个体认识活动,而是一种社会性活动(科学研究实践活动)、一种社会建制(专门职业);④技术是科学的应用,亦即科学转化为技术。在现代社会,科学本体发展及其转化愈加快速,日益促进教育高效精准发展。具体体现在四个方面:一是科技知识的不断生成丰富了不同尺度区域的教育内容并成为区域教育专门课程;二是科技的持续发展深化了人类对自身身心发展规律及其教育规律的认识;三是科技的发展推动了教学方法、教学手段、教学模式、教学组织形式、教育管理的改革,典型的如多媒体教学、计算机辅助教学、远程教学、电化教育、网络教育、数字教育、教育管理信息化等植入教育过程;四是科技应用有助于优化教育空间布局,缩小区域教育发展差距,典型的如优质教育教学(课程)资源共享、开放课程。

---

① 《马克思恩格斯文集》第 1 卷,人民出版社 2009 年版,第 519 页。
② 扈中平:《教育的最高目的是把人培养成社会历史活动的主体》,《教育研究与实验》1994 年第 2 期。
③ 王金营等:《人口活跃因素对区域经济增长影响的研究》,《人口学刊》2013 年第 3 期。
④ 袁振国主编:《当代教育学》(修订版),教育科学出版社 1999 年版,第 442 页。

二、教育地理环境系统的约束机制维度

地理学理论研究一致认为,地理系统包括自然地理系统和人文地理系统。自然地理系统(即自然地理环境)是由地表地质、地貌、气候、水文、生物、土壤等诸要素组成①,人文地理系统(即人文地理环境)由政治、经济、文化、教育、人口、科技等各类要素组成。基于这一理解,教育本体本然地囿于地理环境系统特别是人文地理系统,由诸要素构成的教育系统理所应当是地理环境系统的组成部分,也是人文地理系统的子系统。按照系统论的一般逻辑,教育系统必然受制于其本体周边关联系统及上级系统,亦即地理环境系统整体及其各组成部分(子系统)对教育系统的约束和规制。主要可从以下几个方面理解。

第一,从自然地理系统看,自然地理环境在一定程度上限制和约束了教育的地理空间布局②。就自然地理系统的构成要素看,自然地理要素的地域分异十分明显,意即不同的区域必然拥有不同的自然条件。在这些不同的自然条件约束下,即便现代科学技术深入应用,要按照统一模式(格局)或一致性标准在不同区域或区域内部的不同地方之间平均、同等布局教育显然十分困难,甚至不可能实现,当然也毫无必要(差异化、特殊色发展是教育空间生产和教育景观构建的重要路径之一)。这在根本上是由自然地理环境的地域分异规律造致,主要体现在两个方面:一方面,从水平地带性分异看,与南半球相比,北半球陆地面积大、自然条件优越,适宜人类生存繁衍,居住有世界90%的人口,特别是北纬20度至北纬60度(20'N~60'N)之间的亚热带和温带,气候适宜、水分充足、热量适中,能较好地满足人类生存需要,居住有世界80%

---

① 王文福等:《自然地理学原理及其在测绘中的应用》,武汉大学出版社 2014 年版,第 2 页。

② 李增华、伊继东:《我国教育的空间分异及其破解论略——基于地理学视角的探讨》,《当代教育与文化》2021 年第 1 期。

的人口①②。另一方面,从垂直地带性分异看,地理海拔越高、地势起伏度越大,自然条件就越差,即高海拔地区比低海拔地区差、高原比平原差、山区比坝区(盆地)差,故早在科技相对不发达的历史年代(从古代社会至近代社会前)的教育机构(如书院、武术训练场、考试场所)大多就布局在名山大川、大江大河、山林僻静之处,而在现代社会也因平原(或坝区)比高原(或山区)便利、效益高、成本低而配置构建更多的教育设施,开展更多的教育活动,其教育质量也比山区、高原地区的高,正可谓"教育区位海拔越高,其教育发展水平就越低"③。以中国为例,地处高海拔的西藏地区的教育发展水平明显低于上海、陕西、浙江、广东等低海拔地区;中国地势从西到东呈阶梯状逐级(三级)下降,而教育发展水平却是呈从西到东依次递增的态势(见图4.1);以约定俗成的"秦岭—淮河"线界分的南北方区域,形成了地势地形、气候等自然地理要素的南北地域差异(诸如北方多平原而南方多低山丘陵,北方冬天时间更长、气候寒冷而南方夏季高温多雨、冬季温和少雨),一定程度上也造成南北教育空间分异④,总体呈"北高南低"的空间分异格局(见图4.2),并有伴随南北经济社会的发展而逐步缩小的趋势⑤。

第二,从经济要素看,经济发展质量制约教育发展水平。在哲学上,质与量是事物的两种规定性,二者是辩证统一的关系,亦即质总是以一定的量为基础,而质又总是一定量的质。从这个意义上看,不同国家、不同区域、不同地方的经济发展质量必然有所差异,因为其经济总量、发展速度、运行机制、内部结构等有快有慢、有高有低、有强有弱。据此可以认为,经济发展质量在一定程

①　张善余编著:《世界人口地理》,华东师范大学出版社2002年版,第18页。

②　张果、李玉江编:《人口地理学》,科学出版社2017年版,第199页。

③　罗明东:《中国教育发展地域性不平衡的地理学分析》,《云南师范大学学报(自然科学版)》1999年第4期。

④　李增华、伊继东:《我国教育的空间分异及其破解论略——基于地理学视角的探讨》,《当代教育与文化》2021年第1期。

⑤　中国教育科学研究院中国教育发展报告课题组:《中国教育综合发展水平研究》,《教育研究》2013年第12期。

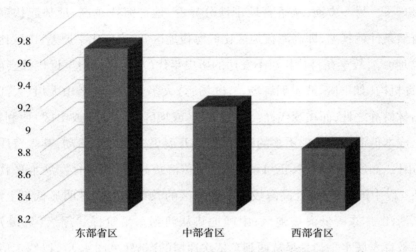

图 4.1　东—中—西省区人均受教育年限对比图

资料来源:根据国家统计局 2017 年全国人口变动情况抽样调查样本数据计算所得。

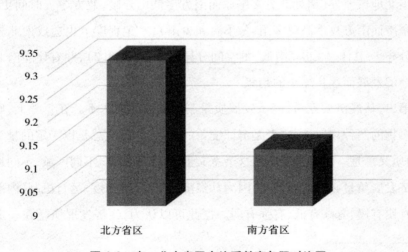

图 4.2　南—北方省区人均受教育年限对比图

资料来源:根据国家统计局 2017 年全国人口变动情况抽样调查样本数据计算所得。

度上决定了教育发展水平。具体而言,可从四个方面理解:一是经济规模和速度限定教育规模和速度。在一般意义上,经济发展规模与速度直接关乎一国或地区的国民文盲率、适龄儿童入学率、义务教育普及率、基础教育均衡水平、高等教育普及化、老年教育普及化,意即不同区域的经济发展规模与速度在一定程度上规制了教育发展的阶段。二是经济结构体系制约教育结构体系。人类自进入近代社会以来,教育活动特别是学校教育、社会教育普遍是按照学科门类、专业(科目)类别进行的(即分科培养培训),而学科门类、专业(科目)类别通常又是特定区域的职业、行业、产业、技术、工种的体现。换言之,教育的科类、层次不与区域经济结构体系相适应,就会造成区域教育系统的内部结构体系失调。三是经济发展程度限定教育内容和手段。在特定的历史背景下,教育活动的展开总是特定区域在特定历史阶段的经济、科技、生产力的反映。伴随经济发展水平的不断提升,科学技术不断进步,社会职业结构不断变化(部分传统职业消失,部分新兴职业出现),教育的内容、科目、课程、手段必然不断变化,典型的如随着计算机科学技术的发展,多媒体教学、远程教育、教育技术等现代教育手段已在教育领域和教育过程中普遍应用。四是经济体制的基本模式决定教育体制的基本模式。无论是什么层次/类型的教育,在根本上都是为特定区域的经济发展培养培训/供给专门化人才或有一定知识技能的人力资源。在这个层面上,教育在目的目标、内容手段、形式规模、运行管理方式、招生就业制度、办学体制、投资体制等方面的选择必然要反映和适应相应的经济体制,否则教育发展(如培养的人才)就会脱离市场需要,典型的如20世纪80年代以来我国民办高等教育在社会主义市场经济体制的引领下快速发展①,1997年开始实行的毕业生自主化、市场化就业制度呼应了社会主义市场经济发展需要②。

　　第三,从政治要素看,政治环境制约教育运行状态。具体体现在三个方面:一是教育的稳态运行必须有一个稳定的政治环境作为保障。在客观上,一

---

　　①　黎会友:《浅谈民办高等教育产业化对地方经济的影响》,《赤峰学院学报(自然科学版)》2016年第12期。

　　②　李增华、杨申宣:《我国当前大学生就业问题的制度分析》,《红河学院学报》2006年第4期。

个政局动荡混乱的环境中,教育系统难以实现稳态运行,甚至面临毁灭性的灾难(诸如战争、国家分裂、治权破碎)。二是政治制度决定了教育的性质、方向和思想政治教育内容。教育的根本目的是为国家及其所属区域、地方培养各类人才,而"培养什么人、怎样培养人、为谁培养人"①是贯穿教育过程的根本问题,必须坚持政治领导、政治原则、政治方向,服从并服务于国家需要,否则教育就会偏离正确轨道,正如习近平总书记在学校思想政治理论课教师座谈会上强调的"我们党立志于中华民族千秋伟业,必须培养一代又一代拥护中国共产党领导和我国社会主义制度、立志为中国特色社会主义事业奋斗终身的有用人才"②。三是教育政策选择(政治政策在教育领域的选择)在一定程度上直接规制了教育发展格局和教育空间布局。换言之,国家或区域在特定时期选择了什么样的教育发展战略(区域均衡发展战略和区域不均衡发展战略③、差异化发展战略和城乡一体化发展战略)和政策措施,必然形成与之对应的教育发展格局和教育空间布局。譬如改革开放以来,在"东部沿海地区优先发展战略"和"城乡二元结构体制"的影响下,国家加大和倾斜东部地区和城市区域教育的投入和布局,造致我国东部沿海地区的教育发展水平显著高于西部地区、城镇教育发展水平明显高于乡村地区,形成了教育领域"东高西低""城强乡弱"的区域不均衡发展格局和空间布局不协调的现实。

第四,从文化要素看,地域文化制约教育活动过程和教育体系。文化是教育之源,没有文化的教育必然是"无源之水"。任何教育都有地域文化的烙印。首先,特定区域的文化传统规制区域内人们的教育观念(尤其是教育价值观念)。在演进机理上,区域文化具有较强的历史惯性,其一旦形成就会在

<hr>

① 中共中国人民大学委员会:《培养什么人、怎样培养人、为谁培养人》,2020 年 12 月 21 日,见 http://www.qstheory.cn/dukan/qs/2020-09/01/c_1126430314.htm。
② 习近平:《思政课是落实立德树人根本任务的关键课程》,2020 年 12 月 28 日,见 http://jhsjk.people.cn/article/31843368。
③ 吕明洁:《大卫·哈维地理不均衡发展理论的二元维度》,《社会科学战线》2020 年第 3 期。

相当长时间规定和局限着相应区域内人们的价值观念和价值取向,进而规制着区域教育的价值观念和价值取向,以及教育管理方式(制度)的选择,比如中国和美国在不同文化背景影响下采用了不同的教育(管理)制度。其次,一定区域的人口文化程度制约其教育需求和教育消费。一方面,区域人口的文化水平越高,人们的教育需求和教育消费意愿就会越强,教育体系就会逐步走向多元化、丰富化、网状化,典型的如我国农村居民随着文化水平的提高而增强了对子女进行学前教育的意愿和需求,城镇居民随着文化水平的提高而增强了对优质教育资源的需求和意愿。另一方面,区域人口的文化水平不高,其更多关注生存需要,对教育的需求及消费意愿就相对较弱,教育体系自然比较单薄,比如缅甸教育发展水平偏低(如义务教育年限仅仅只有 4 年)与其国民的文化水平比偏低(见图 4.3)具有高度一致性。[①]

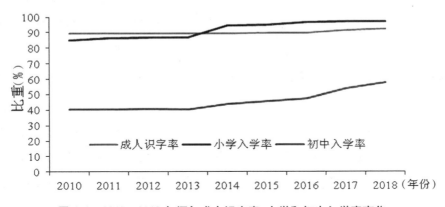

图 4.3　2010—2018 年缅甸成人识字率、小学和初中入学率变化

数据来源:ASEAN Statistical Yearbook 2020。

第五,从人口要素看,人口地域分布制约教育发展水平和教育空间布局。教育实践活动的主体是人本身,也是以"人"为目的的实践活动。因此,教育

---

① 中华人民共和国商务部对外投资和经济合作司:《2020 年版对外投资合作国别(地区)指南(缅甸)》,中华人民共和国商务部对外投资和经济合作司,2020 年,第 18 页。

活动的开展与实施必须充分考虑所处地域的人口分布(含人口发展)。因为,地理研究已经表明,没有人口就无从在地表空间开展和实施教育活动,人口的多寡、质量及增长预期制约着教育的空间分布格局和教育效率①②。这可从两个方面理解:一方面,人口分布合理的区域,附着在该区域的教育空间布局相应地比较合理,其教育效率和教育质量比较高;另一方面,人口密度小、分布比较稀疏的区域(即所谓"地广人稀"的地区),教育空间布局往往不够合理,家校距离较远、学校覆盖半径较大,教育投资成本高,教育经费难以充分利用,进而影响教育效率和教育质量的提高。比如:从"胡焕庸线(黑河—腾冲线)"尺度看,我国总人口的93.7%居住于经济较为繁荣的东南半壁(占国土面积的42.9%),而经济基础薄弱的西北半壁(占国土面积的57.1%)的人口占比仅为6.3%。③ 于此人口分布,按照罗尔斯的分配正义原则——"那些自然禀赋相同或相近的人,则应该获得同样的教育资源",东南半壁自然且应当聚集(配置)更多的教育资源,历史地形成了东南半壁教育资源丰富、西北半壁教育资源偏少的教育地理格局。④ 当然,人口密度过大、人口分布过于集中也会带来区域教育地理承载的巨大压力,造成人口过载的负效应。

第六,从科技要素看,科技手段制约教育的普及程度、区域均衡、质量提升。这主要体现在两个方面:一方面是科学技术在教育实践过程的应用选择、操作掌握程度,比如计算机多媒体技术手段在我国城市教育过程中全面普及,为较高的城市教育发展水平提供了技术支撑,而在我国乡村地区的学校中至今却未普及或普及率不高;又如现代互联网技术及优质网络教育资源尚未在农村地区学校教育中普遍应用,制约了农村地区学校、师生了解外界知识信息

---

① 陈卫:《中国未来人口发展趋势:2005~2050年》,《人口研究》2006年第4期。
② 王露等:《基于分县尺度的2020—2030年中国未来人口分布》,《地理研究》2014年第2期。
③ 雷册渊:《胡焕庸线:这条分界线为何如此神奇》,《解放日报》2018年6月11日。
④ [美]约翰·罗尔斯:《正义论》,何怀宏等译,中国社会科学出版社1998年版,第73页。

和共享校外优质教育资源。另一方面是科学技术手段的持续开发创新,比如在新冠肺炎疫情影响下,我国各级各类学校创造性开发应用多样化"线上教学"平台,实现了"停课不停教、停教不停学",突破了传统课堂教育模式,拓展了"网络教育空间"和"数字教育空间"。

综上所述,在地理学这一特定视域内,围绕教育地理环境系统生长的知识内容就是投射在地理环境系统(包括自然地理系统和人文地理环境系统)对教育系统的驱动与制约方面的相关知识概念系统,主要体现在教育空间知识概念系统、教育区位知识概念系统、教育区划知识概念系统、教育规划知识概念系统、教育地图知识概念系统、教育地理信息系统知识概念系统、教育地球知识概念系统、教育地域知识概念系统(包括"自然条件→教育"内在逻辑知识概念集合、"经济要素→教育"内在逻辑知识概念集合、"政策要素→教育"内在逻辑知识概念集合、"文化要素→教育"内在逻辑知识概念集合、"科技要素→教育"内在逻辑知识概念集合、"人口要素→教育"内在逻辑知识概念集合,等等)、教育区域知识概念系统等,着重表征一定地表范围内教育系统的空间布局、地域分异、地域结构、地域功能、地域特征、时序变化等事象。这些知识概念是随着经济社会发展不断形成的,也必将随着地理科学技术、电子信息技术、建筑工程技术等现代科学技术的发展和教育空间研究探索的深化而不断延展,并在此基础上通过分化与综合、分解与归纳等逻辑方法形成新的知识概念系统,充实教育地理学科知识内容。

第二节　教育地理实践活动

教育活动是人类社会一种特殊的实践活动,也是地表空间范围内人类社会实践活动的重要部分,更是诸多地理实践活动中的一种,泛指教育设施建设、教育机构空间布局、校园绿化、教学组织、教育管理等实践,意在有目的、有计划、有组织地培养人,促使人具备相应的理论知识、实践技能并形成一种相对完善或理性的自我意识思维。① 从这个意义上看,教育地理实践活动必然涉及实践的主体、实践的客体、实践的中介,围绕这些主体、客体、中介展开的研究探索而形成的科学知识就构成了教育地理学学科知识体系的相关内容。下面将从教育地理活动主体、客体、中介三个维度分析以教育地理活动为核心展开的教育地理学学科知识内容。

一、教育地理实践活动的主体维度

按照马克思主义哲学基本原理,任何实践活动必然存在主体要素。"脱离主体要素的实践活动是不存在的,同样脱离了实践活动的主体要素也是毫无意义"的。② 教育实践活动作为客观存在于现实社会的实践形式,自然与经济实践活动、物质生产实践活动、科学实践活动等其他实践活动形式一样存在主体要素(即"人")。这一主体要素就是从事教育实践活动的"人"的总称,既包括从事教育实践活动的个体主体,也包括从事教育实践活动的群体主体。从教育实践活动运行过程来看,从事教育实践活动的个体主体主要包括"自我"(受教育者自己是自我教育者)和教育者个体(比如某个教师、某位家长、某个教育管理者、某个后勤保障人员),从事教育实践活动的群体主体主要包括教师群体(即学校教师群体和校外教育机构教育者群体)、学校(含社会教育机构)管理人员群体、政府教育行政管理人员群体、家长群体(即家庭中长辈的集合)、后勤保障人员群体等。就地理视域而言,前者主要探讨和彰显的是教育实践活动中某一个体的时空行为特征或地域特征,亦即特定的地域对教育者个体行为的影响,而后者主要分析和表征的是教育实践活动中特定群体的时空行为特征及地域功能、地域结构、地域差异,亦即特定的地域对教育

---

① 单士莲、陈地辉、张高阳:《高等师范院校音乐师范生专业技能现状调查研究——以广西师大 2014 级为例》,《智库时代》2018 年第 36 期。

② 王一:《唯物史观视角下的文化传承与文化认同关系》,2020 年 12 月 28 日,见 http://marx.cssn.cn/mkszy/yc/201906/t20190617_4918726. shtml。

者群体行为的促动与约束。

　　进一步看,在广泛意义上,教育实践活动的主体泛指参与教育实践活动的"所有人",不仅包括教育者及其相关人员,也包括受教育者。换言之,在一定程度上,受教育者也是教育实践活动的主体。因为在特定地域条件下,受教育者也会对教育者的身心发展产生影响,此时原来的"教育者"转换成为"受教育者",原来的"受教育者"转换成为"教育者"。在本质上,教育实践过程就是地表空间范围教育者和受教育者相互影响、相互促进的一个动态地理过程,表征不同时间尺度下教育地理事象在空间上的特征演变。从这个层面看,参与教育实践活动的"人",无论是教育者(如各级各类学校的教师)还是受教育者(如各级各类学校的学生),都应属于教育实践活动的主体,但教育者是其主导部分。基于此,探讨这些主体的时空特征、地域差异、地域结构、演进规律、空间分布,以及特定地域对其影响而形成的知识就是围绕教育地理实践主体展开的教育地理学科知识内容,典型的如各类学校教师/师资的空间布局、教师的时空行为特征;不同地域家长/家庭/族群的教育(社会)行为特征、空间结构、时序变化、地域特征。

二、教育地理实践活动的客体维度

　　就马克思主义哲学的普遍认知,"客体是对象性的存在物,是主体实践活动指向的对象"[1]。同理,教育客体就是教育主体实践活动所指向的对象。在一般意义上,这一对象指代"受教育者"或者"教育对象"。但从教育活动的运行逻辑看,若简单地把教育客体看作是受教育者,其有把"受教育者"物化的、被动化的嫌疑,忽略了人的自在性、自为性、能动性,当然离开作为受教育者"人"本身而讨论"教育客体"也没有意义。因此,我们将选择从"学习者"的角度讨论教育客体[2]。从本质上看,教育实践活动的根本目的就在于培养人、

---

　　① 赵野田、张艳红:《论教育客体》,《教育理论与实践》2017年第7期。
　　② 全国十二所重点师范大学联合编写:《教育学基础》(第3版),教育科学出版社2014年版,第7页。

塑造人、提升人、改造人,关键就在于改善、更新、提高学习者某种或某些"内在功能性要素(诸如知识、技能、品格、人格、心理素质、身体素质等等)"的活动和过程,这里的"学习者某种或某些内在功能性要素"就是教育客体。① 显然,其是以作为学习者的"人"为依托的。也只有这样,才能体现出人在地理空间中的主体性。

进一步看,在地理空间上泛泛谈论学习者的"内在功能性要素"难以满足科学问题解决的需要。因此,我们应借助"内在功能性要素"依托的学习者本体,将学习者进行细分,系统性探讨各类学习者内在功能性要素的时空特征演变和地域差异。具体可从五个方面进行细分:一是从教育形式看,主要包括各级各类学校(诸如托儿所、幼儿园、小学、初中、高中、中等专业学校、高校、特殊教育学校)学生和其他学习者(如少年宫、青少年活动中心的学习者);二是从年龄段看,主要包括儿童、少年、青年、成年、老年等学习者;三是从性别看,包括男性学习者和女性学习者;四是从社会职业特性看,包括人才(各科类人才)、工人、农民等学习者;五是从族别看,包括少数民族、直过民族等学习者。基于此,在一定地理空间上,对附着在这些受教育者身上的"内在功能性要素"的时空特征、地域差异、演进机理、传播形制,以及不同学习者之间的地域结构、地域联系、空间分布的探讨(典型的如不同地域学习者、受教育者的空间分布),或者研究探讨特定地域及其要素对上述学习者的影响,就将形成围绕教育活动客体的教育地理知识内容。

三、教育地理实践活动的中介维度

从实践的结构看,主体与客体之间最基本的关系就是实践关系。要实现这一关系,必须具备实践的中介(系统)。通常,实践的中介泛指各种形式的工具、手段以及运用、操作这些工具的程序和方法。就教育实践活动而言,教

---

① 赵野田、张艳红:《论教育客体》,《教育理论与实践》2017 年第 7 期。

育实践活动的中介即教育中介,是指在特定区域的教育实践活动中教育主体(教育者)与教育客体联系与互动的桥梁和纽带,主要包括教育媒介(诸如教育内容、教学材料、教科书)、教育手段、教育方法、教育组织形式、教育环境、教育机构、教育设备、教育管理制度等诸多方面。受一个国家或地区自然地理条件和政治、经济、文化、科技等要素的影响,这些教育中介因素必然存在地域差异,其地域功能、时空特征、空间布局也固然有所不同。典型的如中国北方地区的学校因冬天气候寒冷、结冰期长而必须配置供暖设施;东部沿海地区的民办教育发展水平明显高于西部地区。

进一步看,在特定区域内,教育主体和教育客体既定的情况下,教育实践活动的中介(系统)的使用程度、配置水平、空间分布情况直接关系到教育发展水平、教育质量的高低和区域间(城乡间)教育发展差距的大小(或空间均衡与否)。从本质上看,区域间、城乡间、校际间教育发展不平衡就在于教育实践中介系统配置水平和使用效率不平衡,通常是教育实践中介要素流向或倾向比较收益较高的发达地区、城市地区、优质学校,造致区域教育"好的越好,差的越差"的"马太效应"。在根本上,要破解教育发展水平、空间布局不平衡、不协调的现实难题,必须从教育中介要素着手,通过宏观调控政策和地方支撑政策,推动各类教育中介要素向落后地区、乡村地区、薄弱学校流动。典型的如通过远程教育系统让乡村学校和薄弱学校免费共享优质教育资源;加大发达地区对落后地区、优势学校对薄弱学校的支援协作力度;推动教育财政改革,提高公共财政、中央财政对落后地区、乡村地区、薄弱学校的教育转移支付和保障水平。基于此,围绕这些要素生长的知识模块就是教育地理实践中介要素方面的知识内容。

综上所述,在地理学这一特定视域内,围绕教育地理实践活动生长的知识就是投射在教育地理实践活动主体、客体、中介三个方面的相关知识概念系统,主要体现在教育者(教师、家长)教育地理知识概念系统、受教育者(学生、学习者)教育地理知识概念系统、各种教育中介要素空间知识概念系统及教育主体(教育者)、教育客体(学习者、受教育者)的社会行为特征,着重表征教育主体、教育客体、教育中介要素的空间分布、地域结构、地域特征、地域分异、时序变化、区域条件等知识概念。当然,这些知识内容并非固定不变的,而是随着经济社会发展变化而不断变化的(自然地理的突变如地震、公共卫生等重大突发事件也会引起教育主体、客体、中介等相关知识内容的调整变化)。

第三节　教育地理资源要素

管窥人类社会发展的历史,任何事业或产业的发展都离不开相应的资源要素作为支撑。从概念属性看,资源是经济学范畴的一个称名概念[①],泛指特定主体(诸如一个国家、地区、产业、行业、组织、社团)拥有的自然资源(诸如阳光、空气、水、土地、森林、草原、动物、矿藏)和社会资源(诸如人力资源、信息资源、经过劳动创造的各种物质财富)。[②] 对此,恩格斯曾作过经典论断"劳动和自然界在一起它才是一切财富的源泉,自然界为劳动提供材料,劳动把材料转变为财富"[③]。从这个意义上看,资源具有五个基本特性:一是功用性,即资源对特定主体具有价值;二是"两面性",即资源可能会给特定主体带来优势也有可能带来劣势;三是多样性,即资源可表现为有形的(如自然资源、人力资源),也可表现为无形的(如技巧、知识、关系、文化、声誉、能力、品牌);[④]四是稀缺性,即资源在特定的时空范围内总是有限的;五是地域性,即资源在不同的地区分布不平衡。

基于上述理解,具体到教育行业,欲实现教育发展,必须借助、消耗一定的资源。这些资源归集起来就是"教育资源"。在本质上,教育资源属于社会资

① 崔莹:《关于旅游资源概念的再思考》,《山西青年职业学院学报》2014 年第 3 期。
② 杨春华:《资源概念界定与资源基础理论述评》,《科技管理研究》2008 年第 8 期。
③ 《马克思恩格斯选集》第 4 卷,人民出版社 1995 年版,第 373 页。
④ 罗友花、李明生:《资源概念与分类研究——兼与罗辉道、项保华先生商榷》,《科研管理》2010 年第 1 期。

源,是针对教育行业(领域)这一特定主体而言的,亦即可为教育事业发展带来优势或劣势的任何东西,主要体现在为教育发展投入的各种要素(包括人力资源、财力资源、物力资源、信息资源等),既具有功用性、两面性、多样性、稀缺性、地域性等资源的一般特性,又具有社会性、异质性、教育性等典型的个体特征。根据这些特性,我们可以初步判断,在众多的教育资源中,"有些是构成教育发展的原始资源,开展教育活动时可从中吸取部分要素为己所用;有些是直接合组为教育活动不可或缺的要素;有些则是从教育活动中衍生出来的可以进一步为教育发展所用的资源"①。据此,我们尝试把教育资源总体分为条件性资源、主体性资源、发展性资源。② 察究当前我国教育发展不平衡和空间分布不均衡问题,在根本上就是这些教育资源供给、配置问题及教育资源地域差异问题。一般而言,教育资源供给充足、结构优化的区域,其教育发展水平较高,而教育资源供给不足、结构不合理的区域,其教育发展水平较低。因此,在区域教育发展过程中,要充分统筹考量区域教育资源要素,着力盘活存量资源、拓展增量资源,为区域教育发展提供必要的资源基础。下面,分别从条件性资源、主体性资源、发展性资源三个层面对教育地理学科知识内容展开探讨。

一、条件性资源维度

顾名思义,条件性资源就是基础性的、基本性的、必要性的资源要素,是事物存在和发展必不可少的外部资源条件。教育领域亦是如此。在特定的区域范围,开展教育活动必须具备一定的先决条件,否则无从探讨教育未来发展。因此,我们将这些关乎教育发展的基础性、基本性、必要性资源归并统称为"条件性资源"。从本质属性看,这些资源存在于教育系统外部,对教育(系统)的存废和稳态运行发挥着基础性作用。按照资源基础理论的一般认知,

---

① 段从宇:《资源视角的高等教育区域协调发展研究》,大连理工大学博士学位论文,2015 年。
② 段从宇:《资源视角的高等教育区域协调发展研究》,大连理工大学博士学位论文,2015 年。

尽管条件性资源存在于教育系统外部,但其具有重要的资源价值,能有效激发相关资源,进而拓展原有资源的使用效率和发挥空间。① 鉴于此,条件性资源理应作为教育资源之重要组分。主要体现在以下两个方面:

第一,人口资源要素。教育活动作为人类社会一种特殊的实践活动,其根本目的就是培养人,意即在教育实践过程中"人既是主体又是客体"。借此可见,没有人,就没有教育活动,更不可能有教育发展,典型的如南极地区、北极地区、沙漠地区、深海空间等人迹罕至之地便无法布置教育设施、开展教育活动。因此,无论是学前教育还是初等教育、中等教育、高等教育、老年教育,无论是学校教育还是家庭教育、社会教育,都必须具备一定的人口基础,这是地理空间上任何类型、任何层级教育展开的先决条件。特别是各级各类教育的适龄人口是相应教育层级直接的人口构成。进一步看,在一定区域内,从学前教育到高等教育各层级教育之间具有紧密的生源人口关联性,低一层级教育的毕业人口直接影响着高一级教育的适龄生源人口,特别是非义务教育阶段的各类教育的适龄人口(典型的如高中教育、中等职业教育、高等教育)存在实然状态与应然状态,需要做好教育规划,科学测算区域内学龄段适龄人口数据。基于此,在分析区域教育空间布局时,必须考虑区域教育人口的自然构成(性别、年龄)、地域构成(地理分布)、社会构成(行政区域、城乡)。

第二,区位经济要素。就社会再生产的理论认知,教育活动是社会再生产活动之一,具有社会再生产性,主要体现在再生产劳动力、再生产科学技术、推动技术创新。② 这就需要对教育进行生产资料的投入,为教育提供必要的经济基础。从投入来源看,主要体现在三个方面:其一,一个国家或地区公共财政对公共教育事业投入的经济总量,直接构成了教育的经济基础;其二,非义务教育阶段受教育者个体对教育成本的分担和教育的消费投入(投资),是其

---

① 杨德慧:《策略规划与设计》,首都经贸大学出版社 2013 年版,第 65 页。
② 朱鹏华、王天义:《马克思的社会资本再生产理论创作历程》,《马克思主义理论学科研究》2018 年第 3 期。

经济基础的重要渠道;其三,社会企业的教育投资和民间个人(组织)的教育捐赠,是其经济基础的有益补充。这些经济资源为教育空间规划布局和区域教育均衡发展提供了基础性条件。

二、主体性资源维度

现代教育实践过程中,各级各类学校都是教育活动的主体,对推进区域教育协调发展和教育功能实现具有重要作用。因此,为支撑学校发挥主体作用而需要借助和消费的各种资源统称为"主体性资源"。具体来看,主体性资源就是在一定区域的教育系统框架内,为实现区域人才培养、文化传承、科技发展、社会服务等教育基本职能而存在的各类资源,即可供学校直接利用的人力、财力、物力要素的总和。[①]

首先,人力资源要素。人力资源就是指保障一定地域教育系统持续发展和稳态运行必不可少的各类人员各种能力的总称,主要包括各级各类学校教师和各级各类学校学生。[②] 就具体分类看,各级各类学校教师可分为专任教师、专职管理人员和后勤保障人员,其中专任教师还可进一步分为城市/城镇/乡村教师;各级各类学生可细分为不同层级/类型/形式/层次的学校的学生,其中高校学生还可进一步分为不同学历层次的学生即专科生、本科生、硕士生、博士生。

其次,物力资源要素。物力资源就是指保障一定地域教育系统持续发展和稳态运行不可或缺的各种物资物品要素的总称,主要包括校园校舍、食宿设施、运动场馆、仪器设备、实验室、图书馆、资料室、校医室(院)、网络设施、信息数据、交通工具、安全防卫设施等。这主要体现了特定地域的教育系统(学校)运行的基本物质要素保障。

---

① 段从宇:《资源视角的高等教育区域协调发展研究》,大连理工大学博士学位论文,2015 年。
② 董克用、李超平主编:《人力资源管理概论》(第 5 版),中国人民大学出版社 2019 年版,第 1 页。

最后,财力资源要素。财力资源就是指保障一定地域教育生存发展的人力、物力的货币表现,包括一切物资的货币形态和支付活劳动的报酬。① 典型的如用于教职工工资福利的资金;用于教育设施建设、仪器设备采购、科学研究、开展社会服务、学生培养的资金;学生自身教育消费(购买教育服务)所支付的各种费用等。这在根本上就是要表征特定地域的教育系统(学校)运行的基本资金保障。

三、发展性资源维度

一般系统论认为,教育是由多种要素构成的社会子系统,在运行发展过程中必然与社会其他子系统交互耦合作用。在交互耦合中,一些资源要素在区域教育系统中实现了深化发展,并衍生出一些新兴的资源要素,驱动区域教育系统持续发展演进,我们将其归集统称为"发展性资源"。在本质上,资源始终处在不断变化发展的动态过程中,必然伴随其自身的消耗增长和数量形态变化,衍生出一些支持系统发展的新的资源要素。这些衍生的资源要素彰显了教育资源的使用效率和发挥空间,应被视作一定区域教育系统重要的资源要素。主要体现在以下三个方面:

首先,品牌资源要素。诚然,教育发展是一个漫长的实践过程,不会立竿见影,更不可能一蹴而就。在一定区域内,各级各类学校通过对人、财、物等资源要素的整合利用,必然形成各具特色的教育品牌,特别是区域整体教育质量的提升和教育均衡格局的实现,必将增强区域教育的名望、声誉、影响力,彰显出一定的品牌效应,这在某种程度上也导致了教育的区域间、校际间差异,比如北京大学、清华大学在教育系统中具有典型的品牌效应和地域特征。与此同时,教育品牌资源一旦形成,就会在相当长一个时期内增强学校、区域教育的吸引力、感召力,进而带动其他教育资源要素深化发展,影响教育资源空间

---

① 顾明远主编:《教育大辞典》,上海教育出版社 1998 年版,第 24 页。

布局。

其次,成果资源要素。在一定的区域内,伴随教育活动的逐步展开实施,教育发展逐步走向多元化、丰富化,师生规模不断增大,教学探索、科学研究不断取得新成果,科研成果转化效率和效益逐步提升,势必形成一系列教学、科研、校园文化建设成果,为后续教育教学、科学研究、教育文化建设奠定基础,也在一定程度上增强了区域教育竞争力和校际教育竞争力。

最后,学科资源要素。在一定区域内,伴随教育活动的逐步展开实施,教育职能逐渐深化,教育教学水平和办学水平逐步提高,课程(教学)改革、校本课程建设、精品课程建设、学科(专业)建设持续推进,从而形成具有地域特征、地方特色、个体特点的学科资源,特别是区域内各类中等职业学校、高校的学科资源积聚,能有效带动和促进区域教育质量提升,优化学科的区域布局。

综上所述,在地理学这一特定视域内,围绕教育地理资源要素生长的知识就是投射在教育条件性资源、教育主体性资源、教育发展性资源对教育活动(系统)的影响和制约方面的相关知识概念系统,主要体现在区域教育人口资源知识概念系统、教育区位经济资源知识概念系统、区域教育人力资源知识概念系统、区域教育物力资源知识概念系统、区域教育财力资源知识概念系统、区域教育品牌资源知识概念系统、区域教育成果资源知识概念系统、区域教育学科资源知识概念系统等。从理论上看,这些知识内容会随着经济社会发展特别是公共政策改革完善不断充实完善和丰富多元。

就总体而言,在地理学的基本知识框架内,从"教育地理环境系统""教育地理实践活动""教育地理资源要素"三个维度展开形成的教育地理学学科知识内容,既有一致性、相似性,也有差异性、交叉性,但在整体上都是围绕教育空间这一核心知识概念系统展开的,在此基础上萦绕和延展了教育区域、教育区划、教育规划、教育地图、教育地理信息、教育区位等教育地理基本知识及教育人口地理、教育经济地理、教育文化地理、教育资源地理、教育社会地理、教育政策地理、教育科技地理、教育科研地理等教育地理周边知识。就这些知识内容作系统整合后,可以作为地理学视域下的教育地理学学科知识体系,着重表征地理环境对教育活动的影响和制约。当然,我们也应看到,单纯从地理学视域解构教育地理学学科知识内容不免有其局限。事实上,教育活动作为一种能动的实践活动,必然对地理环境进行能动的改造,无论是对于自然地理环境还是对于人文地理环境都会有或大或小、或多或少、或强或弱、或显或隐的影响(教育结果),围绕这一影响形成的相关知识内容理应纳入教育地理学的知识范畴。这显然依靠地理学视野是难以作全面深入观测和探索的。因此,对教育地理学学科知识的考察应当置于"交叉学科"视野。

第五章　教育地理学的学科知识架构

　　就任何一个学科而言,在特定历史时期,由于人们对特定问题认识的能力和水平限制,其学科知识本身是有限的,且这些学科知识内容本身既可以是这样,也可以是那样。然而,随着研究的不断深化,人们往往在对某一具体问题的认识上更容易接近事物的本质,更容易接近事物的本然状态。对特定学科的知识内容来说,也就可以在学科知识的松散逻辑或混沌逻辑中,找到更加优化的知识合组逻辑,进而构建出更加科学、更加合理的学科体系,并最终服从和服务于该学科的持续、健康发展。①

第一节　教育地理环境系统知识的统合构建

　　教育地理环境系统是教育系统与地理环境系统综合作用、交互耦合而成的耗散结构系统,在此基础上生成的各种各样的科学知识可统称为"教育地理环境系统知识"。这些科学知识中具有相似性、关联性、一致性的内容经过一定的理论逻辑体系化、系统化后就形成了相关的教育地理学学科知识体系,再把这些相关的教育地理学学科知识体系横向整合,即构成了教育地理学学科知识体系的基本框架。从本质上看,教育地理环境系统映射的是依托于"人"并为了"人"的教育与地理环境之间的交互关系,其核心就是"教育人地

---

　　①　黄震方、黄睿:《基于人地关系的旅游地理学理论透视与学术创新》,《地理研究》2015 年第 1 期。

关系",亦即其内在逻辑就是"人"与"地"互动。因此,教育地理环境系统知识的统合或体系化必须以"人—地"互动为理论逻辑、以人地关系理论为理论基础。

一、"教育地理环境系统"知识统合的"人—地"互动逻辑

教育作为人类社会客观存在的人文地理事象,总是在一定地理环境基础上产生、发展的,离开地理环境的任何教育活动都是不可能存在的。在这个意义上看,地理环境对教育活动的影响和制约是必然存在的,教育活动对地理环境的影响和作用也是必然存在的。亦即教育与地理环境间是一种相互作用、相互影响、相互制约的交互关系。这一交互关系本质上是人地互动过程中形成的一种特殊的人地关系——教育人地关系,意即教育人地关系是人地关系的具体化、特殊化、领域化,故人地关系与教育人地关系是上下位关系。按照一般到具体的演绎逻辑理路,可由人地关系及人地关系地域系统是地理学的研究核心推理出教育人地关系及教育人地关系地域系统(即教育地域系统)是教育地理学的研究核心。① 对此,从本体论、认识论、方法论作具体分析(见图 5.1)。

首先,从本体论看,教育地理学是一门研究人类社会教育活动与地理环境关系的交叉科学,以"教育空间系统"为研究对象,其根本任务在于揭示人类教育活动(系统)与地理环境(系统)之间的交互关系并服务人类经济社会发展。根据人地关系形成机理,教育人地关系不可能一成不变,而且其本身就是教育系统与地理环境系统的动态关系,主要体现在教育系统和地理环境系统之间进行的物质循环、能量转化和信息交换。事实上,作为人类社会活动构成的教育活动是教育人地关系形成、变异、演化、发展的主要因素,置于其中的教育者、学习者(受教育者)、教育管理者、教育治理机制、教育投资、教育文化、

---

① 吴传钧:《论地理学的研究核心——人地关系地域系统》,《经济地理》1991 年第 3 期。

教育信息等要素都会对教育人地关系产生不同程度的影响。并且,受地理环境地域分异规律的影响,教育人地关系在不同区域和教育发展的不同阶段,教育人地关系表现出时空差异性。由此可以看出,揭示教育人地关系系统诸要素之间的交互机制、传播形制、演化机理、发展趋势是教育地理学研究的重要主题。进一步看,不同的教育发展程度对教育人地关系的影响有所不同,典型的如在特定区域内过度追求教育发展规模和速度,超过区域环境承载能力(阈值),就可能会产生人地冲突,异化教育人地关系,造致教育系统和地理环境系统间、地理环境系统的构成要素间、教育系统的组成部分间出现不平衡不协调,反而制约甚至迟滞教育发展。因此,教育地理学研究的根本目标就在于调控、协调、优化、改进教育人地关系,促进"教—地"共生耦合、协调稳定,最终实现可持续发展。

其次,从认识论看,教育作为人类社会特殊的地理事象,广泛存在于地理环境中。在特定的地域空间内,参与教育实践活动的人与地理环境系统按照一定的规律交互作用必然形成具有耗散结构的教育人地关系地域系统,该系统具有鲜明的开放性、教育性、人文性、地域性、动态性、综合性等基本特性。进一步看,教育人地关系是指在特定的教育地域中生成的客观关系,主要包括教育活动(系统)对地理环境(系统)的依存关系/依赖关系、地理环境(系统)对教育活动(系统)的驱动关系/约束关系、教育活动(系统)影响地理环境(系统)的社会经济关系。因此,教育人地关系是一种具有社会和历史特性的辩证关系。①

最后,从方法论看,教育人地关系及教育人地关系地域系统是一个复杂的科学问题,需要汲取经验主义方法论、实证主义方法论、人文主义方法论、结构主义方法论的理论营养,消化吸收形成教育地理学学科特色的方法论。具体来看,就是要借鉴地理学、经济学、人类学等多学科的研究方法(诸如定性分

---

① 黄震方、黄睿:《基于人地关系的旅游地理学理论透视与学术创新》,《地理研究》2015 年第 1 期。

析法、系统分析方法、区域分析方法、空间分析法、地缘环境分析法、数理统计与建模分析等)展开综合研究,探讨教育的空间分异规律及其教育人地关系的形成过程、演化机制、结构功能,揭示教育活动(系统)与地理环境(系统)的相互关系并预测其发展变化趋势。①

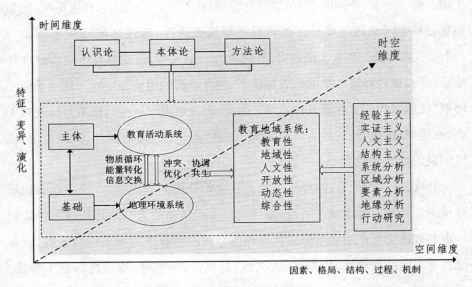

图 5.1 教育人地关系的理论结构

综上分析,在内在逻辑上,教育活动领域中的"人"与地理环境系统诸要素之间是交互影响的过程,其交互作用机制就是教育人地关系不断发展变化的逻辑起点,也是教育地理研究展开和教育地理学学科知识统合的逻辑起点。具体而言,这一机制所蕴含的知识模块体现在两个方面:一是自然地理环境要素(诸如气候、水文、地形、地势、海拔等)和人文地理环境要素(诸如政治系统、经济系统、文化系统)对教育活动系统的驱动作用和约束作用,意即围绕"地理环境对教育的驱动和约束"知识模块的内容统合就需要运用"人—地"

① 黄震方、黄睿:《基于人地关系的旅游地理学理论透视与学术创新》,《地理研究》2015 年第 1 期。

互动逻辑（"人⇆地"）中的"地→人"逻辑理路进行勾连，这里的"地"既可能是自然地理环境整体，也可能是人文地理环境整体，甚至是自然地理环境或人文地理环境中的某个要素或某几个要素，着重表征"地"的客观性。二是教育活动系统对自然地理环境和人文地理环境的影响机制，包括正向功用和负向阻滞，意即围绕"教育对地理环境的正向功用和负向阻滞"知识模块的内容统合就需要运用"人→地"逻辑理路进行串联，这里的"人"是参与教育活动各类"社会人"，突出表征"人"的能动性。

二、基于"人—地"互动逻辑的"教育地理环境系统"知识架构

从上述"人—地"互动逻辑理路看，我们应以"地→人"逻辑为主线对地理学这一特定视域内的"教育地理环境系统"知识内容进行统合，着重表征地理环境整体对人类教育活动存在发展的促进和制约。有鉴于此，我们根据地理环境对人类教育活动的影响程度的强弱，从浅层影响、中层影响、深层影响三个层面对"教育地理环境系统"知识架构进行分析。

首先，在浅层影响上，地理环境系统对教育活动的影响较弱，主要体现在表层影响，亦即地理环境系统及其子系统与教育系统之间的物质能量信息交互较弱，既缺乏足够的动力因子，也没有明确的约束因素，对教育的空间格局没有深层的调整改变（或教育发展格局的微调），典型的如地理环境系统对特定区域/地方教育系统中学校布局、学校空间、学校（教育机构）位置选择/选址、教育区位等的影响，可能造成其教育分布不均衡不协调；又如高原区域的区位条件比平原区域的差，教育发展水平、教育设施布局在某种程度上自然偏少。

其次，在中层影响上，地理环境系统对教育活动的影响较大，主要体现在对教育内外运行机制的影响，亦即地理环境系统及其子系统与教育系统之间的物质能量信息交互较强，在一定程度上造成较大区域之间的教育发展不平衡不协调，典型的如我国东部地区、中部地区、西部地区之间和南方地区、北方

地区之间因地理环境系统的典型差异造致其教育发展水平的显著分异；又如我国城市地区的教育发展水平因地理环境系统的极大优势而明显高于农村地区。

最后，在深层影响上，地理环境系统对教育活动的影响极为强烈，主要体现在对社会教育价值观念的形塑、教育传统的更新、教育发展方向的确立等，亦即地理环境系统及其子系统与教育系统之间的物质能量信息交互强烈，典型的如国家突发特别重大公共事件（自然灾害、事故灾难、公共卫生事件、社会安全事件）直接导致教育系统难以从外部获取有效的物质能量信息而实现稳态运行；①又如改革开放以来，在科教兴国基本国策和人才强国基本战略的持续驱动下，全国及地方教育事业取得了巨大发展。

综上，在教育人地关系含蕴的"人—地"互动逻辑基础上，地理环境系统与各层级（如学前教育、初等教育、中等教育、高等教育）、各类型（如学校教育、自我教育、社会教育、家庭教育）、各区域（如省域、县域、城市、农村等）、各学科部门（诸如农业、商业、师范等）教育活动交互作用形成的"教育地理环境系统"知识，主要体现在教育空间布局、教育均衡、教育区位、教育地域分异、教育地域系统、区域教育、教育规划、教育区划、教育地图、区域教育协作、教育地理信息系统等知识概念范畴，这些知识概念范畴的有机联结就形成了"教育地理环境系统"知识的逻辑架构。

第二节　教育地理实践活动知识的统合构建

地理学和教育学的理论研究已经揭示教育活动具有典型的实践性，是人类社会实践活动的重要部分。围绕"教育地理实践活动"展开的研究内容构成了"教育地理实践活动"这一知识概念范畴。从其概念范畴看，"教育地理

---

① 段从宇、李增华、李人杰：《国家突发公共事件中的高等教育系统应对——基于系统运行范式转变的思考》，《江苏高教》2020年第5期。

实践活动"知识是关于教育地理实践活动的"主体与客体通过一定的中介相互作用的过程"的知识,在本质上是"主观见之于客观"的,意即没有主体对客体的能动反映,教育地理实践活动就无从开展,也就不可能有相关知识。因此,"教育地理实践活动"知识的统合必须紧扣主体与客体相互作用、相互影响的程度展开。

一、"教育地理实践活动"知识统合的"教—地"互动逻辑

就实践的本质而言,"教育地理实践活动"折射的是教育与地理环境的关系。在这一关系中,教育是培养人的一种特殊实践活动,参与其中的"人"都是现实中的"社会人",包括教育者(教师、家长、自我、社会教育培训者)、学习者(学生、其他学习者)、教育管理者(学校管理者、教育行政管理者)、后勤保障人员等,而"地理环境"则就是"自然地理环境和人文地理环境"的集合。可见,教育与地理环境的关系在根本上是"人—地"关系的表现形式之一。在内涵上可将其分解为"区域教育整体"与该区域地理的关系、"各级各类教育"与该区域地理的关系、"特定历史阶段教育"与该区域地理的关系等,意即教育("人")与地理的交融互动,"人"在其中居于主动地位和能动地位。透过"人—地"关系的理论内涵,教育与地理的关系即"教—地"关系。按照一般到特殊的演绎推理逻辑,"教—地"关系必然是"人—地"关系的特殊化、具体化、个性化,意即"人—地"关系与"教—地"关系是上下位的逻辑关系,其内在逻辑就是"教—地"互动。基于"教—地"互动逻辑,当不同的"人"(教育活动主体,包括教育者和学习者)通过一定的教育活动中介因素与特定地域的教育结合,就形成了相应的"教—地"互动关系领域。因此,"教育地理实践活动"知识的统合理应以"教—地"互动为逻辑主线,确立"教育地理实践活动"知识架构。

二、基于"教—地"互动逻辑的"教育地理实践活动"知识架构

基于上述分析,在学科知识构建过程中,我们应以"教—地"互动为逻辑

主线串联"教育地理实践活动"知识内容,突出表征教育地理实践活动主体与教育地理实践活动客体通过一定的教育中介因素相互作用的状态。对此,我们根据教育地理实践活动主体与教育地理实践活动客体相互作用、相互影响的程度,从三个层面统合构建"教育地理实践活动"知识的架构。

首先,在轻度影响上,教育地理实践活动的主体与客体的相互影响较轻,意即教育地理实践活动主体对客体的作用较弱、客体对主体的反作用较弱及教育中介因素薄弱,典型的如农村地区学校教育的教育者(含家长)因自身教育教学知识技能和教育设施条件薄弱而导致其对学生(学习者)的影响较弱(教育要求偏低、教育质量不高),更多是基本的文化知识传递。

其次,在中度影响上,教育地理实践活动的主体与客体的相互影响较大,意即教育地理实践活动主体对客体的作用较大、客体对主体的反作用较大及教育中介系统化,典型的如城市地区学校教育的教育者(含家长)因其总体水平较高和教育设施条件完善导致其对学生(学习者)要求较高(不仅掌握丰富的文化知识,也注重实际能力培养),进而具有较高的教育发展水平。

最后,在深度影响上,教育地理实践活动的主体与客体的相互作用极为强烈,意即教育地理实践活动主体对客体的作用极为强烈,或客体对主体的反作用极为强烈,或教育中介系统优化协调,典型的如教师引导后进生转变不良价值观、改掉陋习,使后进生在人格、品德、心智等方面发生深刻调整;又如教师、家长与学生密切配合,形成了教育合力。

综上,在"教一地"互动逻辑基础上,"教育地理实践活动"知识内容是各种参与教育地理实践活动的教育者(如教师、培训者、教育管理人员等)与各类学习者(诸如儿童、少年、青年、成年、老年、男性、女性、人才、工人、少数民族、残障人士等群体)交互作用而来的,主要体现在人才教育地理、儿童教育地理、性别教育地理、民族教育地理、特殊教育地理、老年教育地理等知识概念范畴,将这些概念按主体类别串联起来就构成了"教育地理实践活动"知识的逻辑架构。

第三节　教育地理资源要素知识的统合构建

任何教育活动的展开,皆需要一定的资源要素作为保障。"巧妇难为无米之炊",没有地理环境特别是社会环境提供的资源要素,教育注定是难以产生发展的。显然,"教育地理资源要素"知识就是教育活动与地理资源要素交互作用生成的知识内容。从地理资源要素构成看,教育地理资源要素主要体现在社会环境中的条件性资源、主体性资源、发展性资源,具有典型的社会属性。换言之,教育地理资源要素主要就是社会环境要素。因此,"教育地理资源要素"知识的统合建构应以"教育—环境"互动关系为逻辑基础。

一、"教育地理资源要素"知识统合的"教育—环境"互动逻辑

根据教育内外部关系规律的理论认知,"教育地理资源要素"知识是教育与环境交互作用形成的知识概念范畴。这里的环境更多强调的是社会环境,因为在现代社会,自然环境对教育的影响相对较弱,教育的发展主要依赖于人化社会环境所供给的各类资源要素,具体有两个方面:一方面,教育既要受一定的经济、政治、文化等制约,也要为一定政治、经济、文化科学服务。[①] 这里的政治、经济、文化等属于人文地理系统的基本要素构成,也是社会环境范畴内的基础性资源要素。因为按照资源基础理论的基本逻辑,资源要素是社会环境的重要表征形式。当然,除了政治要素、经济要素、文化要素外,还有科技、人口、民族、宗教等诸多资源要素。[②] 由此可见,社会环境整体影响和制约教育活动系统,既有正向积极影响也有负向消极影响。另一方面,教育通过人才培养、科学研究、社会服务等形式在经济发展、制度建设、文化传承、科技创新等方面对社会发展起作用。从这个角度看,教育也影响和制约社会环境,其

---

① 肖海涛、殷小平编:《潘懋元教育口述史》,北京师范大学出版社 2007 年版,第 180 页。
② 潘懋元、王伟廉主编:《高等教育学》,福建教育出版社 2000 年版,第 37 页。

作用机制主要体现在教育对环境的正向功用和负向规制两个方面,其映射的是参与教育活动的"人"的主观能动性。概言之,教育与环境(资源要素)之间贯穿有"教育—环境"互动的逻辑主线,其互动逻辑的内在机制正是推动教育发展和社会发展的重要动力所在。因此,我们应正确把握好教育与社会环境的"适应"关系,在"教育—环境"互动逻辑的基础上,形成比较合理恰当的"教育地理资源要素"知识架构,更多地服务教育地理学科建设。①

二、基于"教育—环境"互动逻辑的"教育地理资源要素"知识架构

根据上述分析,在学科知识体系构建过程中,我们应以"教育—环境"互动为逻辑主线统合"教育地理资源要素"相关知识,形成表征教育外部环境关系组合状态及教育与地理资源要素相互依存依赖的基本图景。在根本上,就是厘清教育与社会环境资源相互作用机制。于此,我们根据社会环境资源对人类教育活动的影响程度的强弱,从浅层影响、中层影响、深层影响三个层面对"教育地理资源要素"知识架构进行分析。

首先,在浅层影响上,教育地理资源要素对教育活动的促进和制约都较为薄弱,意即教育地理资源要素对教育活动的影响主要体现在教育问题表面和局部地区,对教育发展没有根本性的影响,典型的如我国教育资源在区域间的分布差异较大造致区域间教育布局特别是高等教育布局不均衡;又如受区位条件、传统文化、教育观念等因素的影响,教育地理资源要素在我国农村地区的利用效率相对偏低;再如"双一流"高校能通过"品牌效应"吸引更多教育资源,而地方高校却难以吸引教育社会投资。

其次,在中层影响上,教育地理资源要素对教育活动的促进和制约较强,意即教育地理资源要素对教育活动的影响涉及的区域面积更广、区域问题更复杂,典型的如近年来我国加大在义务教育领域的人力、财力、物力的投入,全

---

① 段从宇:《资源视角的高等教育区域协调发展研究》,大连理工大学博士学位论文,2015年。

面实现了义务教育基本均衡,特别是在农村地区实现了村级小学应建尽建、集中办学,并全面覆盖营养餐,推动了全国义务教育质量的全面提升;又如我国从 1999 年开始的高等教育大规模扩招,在实现高等教育普及化的愿景中,也给高校带来了巨大的办学压力,更带来了毕业生就业难的严重社会问题;再如教育资源要素的非均衡性配置策略一定程度上导致了教育的非均衡发展。

最后,在深层影响上,教育地理资源要素对教育活动的促进和制约极为强烈,意即教育地理资源要素在与教育活动的相互作用中触及教育的深层次、关键性、核心的问题,关乎教育发展的终极目标,典型的如我国教育地理资源要素在空间上的分布不均和非均衡配置,造致我国东部、中部、西部三大地区之间人均受教育年限(如图 4.1 所示)、城乡居民文化程度、教育文化价值观的显著差异,在一定程度上制约相应地区的经济社会协调发展。

因此,"教育地理资源要素"知识是教育与资源要素综合作用的结果,关键在于特定区域的教育布局、教育结构、教育层次、教育规模、教育区域等与其域内政治经济、社会文化、人口状况、科技水平等相适应。基于此,在"教育—环境"互动逻辑基础上,"教育地理资源要素"知识主要体现在教育资源、教育环境、教育区位及教育人口地理、教育经济地理、教育文化地理、教育科技地理、教育社会地理等知识概念范畴。这些知识概念范畴经过体系化,即可形成"教育地理资源要素"知识的逻辑架构。

综上所述,运用"'人—地'互动——'教—地'互动——'教育—环境'互动"逻辑主线(即"人—地"互动为逻辑起点,"教育—环境"互动为逻辑终点,"教—地"互动作为中间融合点串联逻辑起点和逻辑终点),对教育地理学学科知识内容进行了多维梳理和逻辑建构,形成了不同逻辑基础上的三个不同知识架构。这三个知识架构既有逻辑上的一致性,也有知识概念范畴的交叉性和差异性。同时,我们也看到,依据"人—地"互动这一逻辑起点的"内在机理",仅以地理学的视域探讨分析教育地理学的学科知识内容有一定的局限性,比如在地理学视域下难以系统观测"人(教育)→地(环境)"逻辑即教育对地理环境的能动作用方面的知识内容。因此,要形成较为优化合理的教育地理学学科知识内容逻辑架构,应以"交叉学科"为视角,按照知识间的一致性、关联性、相似性、交叉性等内在逻辑特征进行体系化、科学化、系统化建构。进一步看,教育地理学学科知识内容体系化应建构在"以地理环境(系统)和教育活动(系统)为客观基础,以'人—地'关系理论及人地关系地域系统理论为理论核心,融合教育学、地理学、人类学、经济学、社会学、文化学、政治学、人口学、民族学、管理学等相关学科理论的教育地理学理论框架"上。换言之,教育地理学学科知识内容的体系化建构,必须集中观照以"人"为视角、以"地"为视角、以"人地综合"为视角的教育地理科学理论,其中以"人地综合"为视角的教育人地关系理论自然是教育地理学的理论核心。具体而言,从"人"视角看,"人"始终是教育与地理互动关系中的主导因素,故教育需求理论、教育心理学、教育人类学、教育社会学、利益相关者理论、教育文化学、教育政治学、教育政策学等与研究"人"的相关理论可作为教育地理学理论基础,着重教育空间、教育过程、教育时空的流变的理论表征,意即教育(空间)行为理论、教育过程理论可作为教育地理学核心理论。从"地"视角看,"地"是客观存在的自然地理环境和人文地理环境,是教育空间和"教—地"关系的基础条件和基本依托,故自然地理学、文化地理学、经济地理学、社会地理学、人口地理学、景观地理学、政治地理学、人力资本理论、资源基础理论等研究自然地理和人文地理的理论可作为教育地理学理论基础,突出表征与教育相关的地理事象和地理环境要素,意即教育资源理论和教育环境理论可作为教育地理学核心理论。从"人地综合"视角看,教育地理事象作为一种特殊"人文现象",是教育活动与地理环境综合体交互的产物,也是由教育空间组织关系、教育行为关系、社区教育空间结构关系、教育政策调控关系、教育生态关系、教育区位关系等构成的复杂关系体,故与这一复杂关系体紧密相关的区域经济理论、教育区划理论、教育规划理论、教育生态理论、教育区位论、教育地理信息系统理论、社会空间理论、教育经济地理学、教育管理学等可作为教育地理学理论基础,彰显教育人地关系的系统性、协调性、协同性、可持续性,意即教育系统论/协调论/协同论/可持续发展理论、教育空间理论、学校组织生命周期理论、教育内外部关系规律理论等可作为教育地理学核心理论。基于上述分析,我们尝试提出教育地理学的理论框架(见图 5.2),进一步为教育地理学学科知识的逻辑构建或体系化提供理论依据。

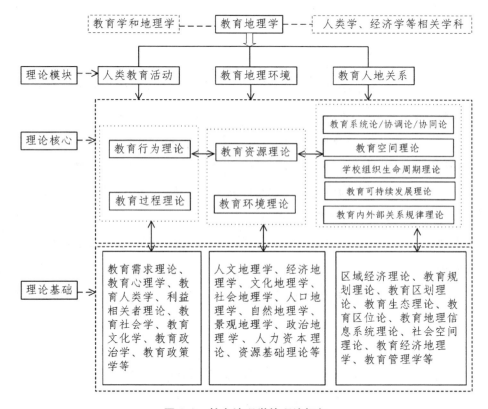

图 5.2　教育地理学的理论框架

第六章 教育地理学学科体系
构建的现实考察

抛开特定地理学研究视角的教育地理学知识解构看,教育地理学在本质上是教育学与地理学交叉融合而催生的新兴交叉学科。自诞生以来,在教育地理实践的驱动下,教育地理学学科体系初步形成,一方面,研究对象、研究方法、概念体系等学科知识不断积累,基本形成了具有一定内在逻辑联系的学科知识体系;另一方面,因应学科知识本体的发展要求,学科人才队伍建设、专业建设及人才培养、学术刊物及学者社团等关涉知识规训制度和组织建制①的非学科知识体系初步建立。但就学科总体而言,教育地理学仍然呈现知识生产发展缓慢、"理论滞后于实践"、非学科知识体系薄弱的现实特点及迷途困境,学科影响力、解释力、建构力、批判力不足。为此,下面从学科知识体系和非学科知识体系两个层面作具体探讨。

第一节 学科知识层面的考察

学科总是体系化的知识。由无数学科知识单元或知识模块合组成的学科知识体系是教育地理学学科体系的核心内容和重要支撑。可以说,没有学科知识体系,教育地理学学科体系建设必定是"无本之木",亦即"学科构成了话

---

① 张德祥、王晓玲:《学科知识生产模式变革与"双一流"建设》,《江苏高教》2019 年第 4 期。

语生产的一个控制体系,它通过同一性的作用来设置其边界,而在这种同一性中,规则被永久性地恢复了活动"①。因此,厘清教育地理学现有知识状况,对推动教育地理学学科知识体系完善及教育地理学学科体系建设极为重要。

一、教育地理学学科知识体系的现状概述

学科知识体系由学科内部各知识单元或知识模块构成。而这些知识和模块是在学科内部及其相应研究实践的不同领域(诸如本体论领域、知识论领域、方法论领域)生成并积聚的,具有各自相对独立的特性、地位、作用和表征方式。因此,我们可以根据知识的地位和作用不同,将学科知识归纳为本体论知识、认识论知识和方法论知识。基于此,在哲学观层面上,教育地理学知识必然由本体论知识、认识论知识和方法论知识构成,而且也必然随其本体论知识、认识论知识和方法论知识的蓄积而不断深化延展,意即学科知识不断从简单化、粗浅化走向繁杂化、系统化。因此,要梳理教育地理学学科知识研究现状,须从本体论知识、认识论知识和方法论知识三个维度展开。下面,我们以"中国知网"为数据来源支撑,围绕"本体论知识、认识论知识、方法论知识",通过研究的"主题"或"关键词"对教育地理学学科知识研究现状进行梳理。

(一)教育地理学的本体论知识层面

通过"中国知网",以"教育地理学"或"教育地理"作为"主题词"或"关键词"进行检索,涉及教育地理学本体论知识(基础理论研究)的中英文论文专业文献仅有34篇(见图6.1,其文章的基本内容和主要观点在"第一章第二节现有研究述评"已有阐述,在此不再赘述),涵盖教育地理学的学科概念(定义)、研究范畴、研究内容、研究对象、研究方法、学科属性、学科体系、研究核心等知识生产。除此之外,还检索到两本教育地理学著作,其中:一本是我国

---

① Michel Foucault, *The Archaeology of Knowledge and the Discourse on Language*, New York: Pantheon, 1972, p.224.

著名教育地理学学者罗明东教授在 2002 年出版的专著《教育地理学》,该专著被学界称为教育地理学领域第一本专著;另一本是英国牛津大学布洛克(Colin Brock)教授在 2016 年出版的专著《教育地理学:教育研究中的尺度、空间和位置》(*Geography of Education:Scale,Space and Location in the Study of Education*)。这些研究成果在不同方面生成了教育地理学的本体论知识,为教育地理学学科发展奠定了知识基础。

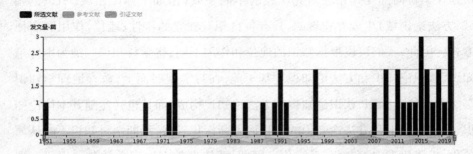

图 6.1　基于中国知网的以"教育地理(学)"为"主题词或关键词"的
　　　　文献概况(1951—2019)(剔除了其中不涉及基本理论研究的
　　　　文献 15 篇,时间截至 2020 年 12 月 20 日)

资料来源:中国知网(https://www.cnki.net/),作者根据文献资料自编。

(二)教育地理学的认识论知识层面

　　从认识论来看,每门学科都表现为概念的体系,意即不同的概念知识按照一定的逻辑关系整合在一起形成了学科的躯干。在这个意义上,教育地理学的概念集合一定程度上反映了教育地理学的认识论知识概貌。因此,从教育学与地理学交叉地带探寻具有共性的教育地理学的概念性知识就十分必要。根据既有文献分析,教育地理学领域已经生长的概念性知识主要有"区域教育""教育资源配置""发展区域教育""教育生态""区域教育均衡""教育空间""教育区位""教育地理信息系统""教育区划""教育地图""教育经济地理"等 11 个关键概念,亦即以上述 11 个关键概念作为"主题词或关键词"检索的文献表征了教育地理学认识论知识的会聚（详见表6.1）。除此之外，还有许多区域教育方面的著作，其中较具代表性的有彭世华2003年出版的《发展区域教育学》、潘玉君等2015年出版的《教育地理区划研究：云南省义务教育地理区划实证与方案》。这些研究成果在教育地理学内部的相应领域及其周边领域累积了认识论知识。

表6.1　基于中国知网的教育地理学主要概念的文献概况

序号	主题词	时间跨度（年）	论文数量（篇）
1	区域教育	1914—2020	9483
2	教育资源配置	1960—2020	5165
3	发展区域教育	1988—2020	5151
4	教育生态	1996—2020	466
5	区域教育均衡	2002—2020	342
6	教育空间	1982—2020	316
7	教育区位	2001—2020	17
8	教育地理信息系统	2009—2020	8
9	教育区划	1983—2018	6
10	教育地图	1966—1998	1
11	教育经济地理	2005	1

资料来源：中国知网（https://www.cnki.net/），作者根据文献资料自编（时间截至2020年12月20日）。

（三）教育地理学的方法论知识层面

方法论就是指用什么方式、方法来解决教育地理问题，也是教育地理学建设发展绕不开的基本问题。从既有文献看，主要有Peter Haggett、Colin Brock、王秋玲、罗明东、曹照洁等五位学者先后对教育地理学的研究方法作过探讨（见表6.2），初步生长了教育地理学方法论知识。

表 6.2　基于中国知网的教育地理学方法论的文献概况

序号	研究者	主要研究方法	提出时间（年）
1	Peter Haggett	强调空间分析、生态分析、区域复合分析等地理学方法在教育研究中的应用	1972
2	Colin Brock	①定量分析、法律分析、问题研究、行为学研究等技术技能在教育研究中的应用	1985
		②跨学科研究法	2016
3	王秋玲	统计图表法、地图法、现代化分析手段	1995
4	罗明东	①地理的研究方法就是教育地理学的研究方法	2000
		②重视教育调查法、教育行动研究、教育叙事研究、质的研究方法、田野调查法等研究方法	2016
5	曹照洁	田野调查、实证研究	2010

资料来源：中国知网（https://www.cnki.net/），作者根据文献资料自编（具体内容详见"第一章 第二节 文献综述"部分，时间截至 2020 年 12 月 20 日）。

二、教育地理学学科知识体系的现状评价

从上述分析看，教育地理学从创生以来引起了学界的持续关注，无疑已经是当前交叉科学研究的热点领域和教育学、地理学研究的前沿领域。然而，在总体上，教育地理学发展速度缓慢、话语体系薄弱、内生动力不足仍是不争的现实和事实。

（一）教育地理学本体论知识较为薄弱

截至目前，学界仅仅只有 34 篇论文和 2 本专著研究探讨教育地理学的基本理论，其生成的本体论知识必然十分有限，这与当前教育地理学的概念内涵、研究对象、学科属性、研究内容、学科体系缺乏一致性共识和等位认知是高度吻合的。因为，在现有的本体论知识生产中，绝大多数学者有且只有一篇关涉教育地理学基本理论一个命题或多个命题的学术文章，此后再无相应知识

成果释放,真正意义上对教育地理学基本理论作过持续探讨的只有 Colin Brock 教授和罗明东教授。并且,在这些研究中,尚未对教育地理学科的基本原理、运行规律、驱动机制、生成方式等基本理论展开探讨。这足见教育地理学本体论知识的生产力、创造力极为薄弱,无不造致作为宏大交叉科学的教育地理学,缺乏足够的理论基础和思想内核,与蓬勃发展的现代教育地理实践差距十分明显,难以彰显教育地理学的学科本质和知识特质。

（二）教育地理学认识论知识范畴窄化

从教育地理学研究的总体看,教育地理学认识论知识相较于本体论知识和方法论知识,更为丰富宽泛,涵盖了教育地理学领域主要的概念知识范畴,充分体现了教育地理学"实践领先于理论"的知识生产逻辑。特别是作为教育地理学主要概念知识的教育地图,尽管历史文献不多,但教育地图作为一种应用技术已经在我国许多地方实施,为教育均衡布局和教育资源优化配置提供了技术支撑。然而,教育地理学认识论知识范畴仍然窄化,具体体现在:一是作为教育地理学核心知识范畴的教育空间概念研究尚有不足,内涵阐释不充分,特别是对教育空间的特殊性认识不够;二是教育地理学基本知识范畴还有待拓展,典型的如对区域教育与其相关资源要素的协同性、优化性问题缺乏深入探讨,对教育区位、教育地理信息系统、教育区划、教育地图等知识领域研究不多,对教育地域系统、教育地域分异规律、教育地球、教育地理预测(未来教育地理)、非正式教育空间、网络教育空间、家庭教育地理、自我教育地理、社会教育地理等知识领域缺乏研究;三是教育地理学周边知识范畴极其狭窄,除了"高等教育经济地理"领域外,再无教育地理学与其他学科的交叉研究,譬如教育文化地理学、教育政策地理学、教育传播/媒介地理学、教育政治地理学、教育社会地理学,等等。这些方面无形地制约了教育地理学认识论知识的生产与汇聚。

（三）教育地理学方法论知识极其匮乏

教育地理学研究方法的现状梳理,充分体现出教育地理学至今没有符合自身发展要求、反映教育地理本质、契合"教育—地理"关系互动逻辑的特定研究方法,学界目前所探讨的教育地理学的研究方法,主要是借用甚至是搬用地理学的研究方法,亦即将缘起学科地理学的研究方法简单嫁接至教育地理学。鉴于此,无论是作为较高层次的方法论,还是作为较低层次的一般方法论、具体方法论,都难以在学科场景中生产更多的方法论知识①。一定程度上,这也阻滞了教育地理学走向真正意义上的独立和成熟。在未来教育地理研究中,提升教育地理(学)方法论的科学认知和协调发展,构建基于教育地理学科场域和话语体系的多层次方法论体系显得必要而急迫。②

第二节　非学科知识层面的考察

教育地理学的非学科知识体系是教育地理研究学科化的重要组成部分。就目前我国高等教育的学科目录看,教育地理学已在 2011 年被列为"地理学"下的二级学科。就学理研究而言,任何一门规范化的学科,都是一个具体的科学知识分类,都有自己独特的研究内容、研究对象,有自己相应的研究方法和完备的理论体系。③ 借此而言,截至目前,作为一门学科,教育地理学无论是在研究对象、研究内容、研究范畴、研究方法,还是在理论体系、学科体系等方面都还有诸多缺憾之处,这些都是教育地理学学理研究应深化探索和逐步解决的问题。按照学界的一般共识,成为一门学科需要具备专门的研究人

---

① 王枫云:《公共管理学的研究方法体系:内涵与构成》,《行政论坛》2009 年第 1 期。
② 王郅强:《构建具有中国特色的公共管理学科知识体系》,《学海》2019 年第 1 期。
③ 魏红、伊理、段从宇:《高校汉语国际教育发展研究》,科学出版社 2013 年版,第 78—79 页。

员(队伍)、在高等学校开设课程(相关专业)、有专门的学术刊物、有专门的学术团体(学会)①等四个必要条件。这些条件的统合理解,即构成了教育地理学的非学科知识体系,具体探讨如下。

一、学科人才队伍建设的滞后

目前,教育地理学受困于基础理论的困乏和研究范畴的泛化,至今仍然是高等教育领域的一个"小众学科",对人才的吸引力较为有限,使得学科人才队伍建设滞后。具体来看,一是人才总量不足,结构不合理。教育地理学研究者大多是来自教育学或地理学,多学科、跨学科人才较少。以中国为例,教育地理学研究者主要集中在云南师范大学的教育学科和地理学科,而且他们中绝大多数人从事人文地理学、教育学或区域教育的研究,并非专门从事教育地理学研究。二是人才体制机制不畅,人才难以发挥作用。相比别的成熟学科、大众学科,从事教育地理学研究的学者并非主流,经常处于被动地位,研究者的积极性和创造性难以真正调动。三是经费投入不足,人才知识更新发展缓慢。在高等教育中,教育地理学属于边缘学科知识,各项教育经费几乎不可能直接用于教育地理学学科人才队伍建设,致使学科人才队伍知识更新缓慢。

二、专业建设及学生培养不足

从教育地理学的专业发展看,国内外高校尚未开设过教育地理学本科专业,其专业建设发展主要定位于硕士、博士等高层次人才培养。于此,国家教育部在 2011 年批准同意云南师范大学在地理学一级学科下自主增设教育地理学二级学科博士点,这也是全国唯一的教育地理学博士点,推动了教育地理学专业大力发展。而后,云南师范大学组建成立了教育地理研究所,具体负责

---

① 魏红、伊理、段从宇:《高校汉语国际教育发展研究》,科学出版社 2013 年版,第 78—79 页。

教育地理学专业建设及硕士、博士人才培养,为人才培养奠定了基础。根据学科评估的需要,云南师范大学又于 2019 年取消了教育地理学博士点,无不令人遗憾。然而,更为遗憾的是,教育地理学专业发展至今,除罗明东教授的专著《教育地理学》外,尚无一本教育地理学的专门教材,譬如《教育地理学概论》《教育地理学原理》《教育地理学通论》《教育地理研究方法》《教育地理学方法论》《教育地理思想史》,教育地理学专业发展恐面临"破窗效应",其专业建设可谓任重道远。

三、专门性学术期刊发展缓慢

学术刊物是学科知识生产的重要载体,也是构建学术共同体和科学共同体的基础平台,关乎教育地理学的解释力、影响力和建构力。回顾教育地理学文献,我们可以清晰认知,教育地理学创生后,国外学术期刊比较活跃,*Geography*、*geographical Journal*、*Transactions of the Institute of British Geographers*、*Area*、*Children's Geographies*、*Comparative Education* 等学术期刊曾多次刊载教育地理学相关论文,*Urban Studies*(2007)[①]、*Social and Cultural Geography*(2011)[②]、*Comparative Education*(2013)[③]、*Qualitative Inquiry*(2013)[④]、*The Canadian Geographer*(2013)[⑤]、

[①] T.Butler & C.Hamnett,"The geography of education:Introduction",*Urban Studies*,Vol.44,No.7(June 2007),pp.1161-1174.

[②] V.A.Cook & P.J.Hemming,"Education spaces:Embodied dimensions and dynamics",*Social & Cultural Geography*,Vol.12,No.1(February 2011),pp.1-8.

[③] C.Brock & M.Crossley,"Revisiting scale,comparative research and education in small states",*Comparative Education*,Vol.49,No.3(August 2013),pp.388-403.

[④] N.Geoffrey Bright,Helen Manchester & Sylvie Allendyke,"Space,place,and social justice in education:Growing a bigger entanglement——Editors' introduction",*Qualitative Inquiry*,Vol.19,No.10(October 2013),pp.747-755.

[⑤] T.Mccreary,R.Basu & A.Godlewska,"Critical geographies of education:Introduction to the special issue",*Canadian Geographer / Le Géographe canadien*,Vol.57,No.3(September 2013),pp.255-259.

Cultural Geographies（2016）①、*Geographical Research*（2017）②、*Journal of Pedagogy*（2020）③等先后组织专刊/开设专栏就教育地理学开展专题讨论,起到了较好的学科示范引领和学术信息交流作用。特别是英国北安普敦大学儿童与青年中心举办的 *Children's Geographies*(《儿童地理》)杂志,其作为一本教育研究类杂志,属于比较接近教育地理学的期刊,显示了教育地理领域是一个极其活跃的学术研究领域。由此可见,国外学者的有关教育地理学研究成果(论文)大多数刊发在地理学类期刊和其他社会科学期刊④,而较少刊发在教育学类期刊,英国著名教育地理学学者 Brock C.(布洛克)的研究已经证明了这一点⑤。在我国,根据中国知网的检索数据显示,《教育科学》《河南教育学院学报》《云南师范大学学报》《衡阳师范学院学报(自然科学)》《毕节学院学报》《学术探索》《上海高教研究》《云南地理环境研究》《世界地理研究》《地理科学》等诸多学术期刊也曾先后刊发教育地理学相关论文,但始终未曾组织专刊/专栏专题探讨教育地理学,且《地理学报》《地理研究》《地理科学进展》《地理科学》《世界地理研究》等地理学类的 20 余个主要刊物刊载教育地理学的相关文章寥寥无几,刊载教育地理学相关文章的期刊多数属于层级偏低的教育类刊物或者综合类刊物,这与国外的情况恰好相反。但总体来看,截至目前,国外、国内学术界及出版界均没有专门或专业的教育地理学学术刊物,阻碍了教育地理学知识的有效传播,限制了教育地理学的学科影响力、知晓度。

---

① S.Mills & P.Kraftl, "Cultural geographies of education", *Cultural Geographies*, Vol.23, No.1 (January 2016), pp.19-27.

② B.Pini, K.N.Gulson, P.Kraftl, et al, "Critical geographies of education: An introduction", *Geographical Research*, Vol.55, No.1(February 2017), pp.13-17.

③ R.Silvie & Kučerová, "Special issue: Geography of education", *Journal of Pedagogy*, Vol.11, No.1(June 2020), pp.5-9.

④ R.Johnston, "Geography: A different sort of discipline?", *Transactions of the Institute of British Geographers*, Vol.28, No.2(June 2003), pp.133-141.

⑤ C.Brock, *Geography of education: Scale, space and location in the study of education*, New York: Bloomsbury Academic, 2016, pp.20-21.

四、专门化学者社团尚未建立

学术社团是由有专门学科知识的知识分子基于学术愿景和研究兴趣自发自愿组成的社团组织,是社会组织的重要组成部分①,其最大特点就是人才荟萃、高度的民主组织程度,具有推动学科发展、促进知识创新、培养学术人才的重要功能②。正如梁启超所说:"西人之为也,有一学即有一会……故学无不成,术无不精,新法日出。"③在这个意义上,我们可以认为学术社团的建立是特定领域学术共同体形成和一门学科规范化发展的重要标志。因此,教育地理学欲求成为一门规范化的独立的成熟学科,必应有与之对应的学术社团,譬如教育地理学学会(协会、研究会),抑或地理学会教育地理学分会。然而,通过对美国、英国、德国、法国、俄罗斯、日本、韩国、澳大利亚、意大利等主要发达国家地理学会(协会)构成的分析发现,截至目前,这些主要发达国家均没有组建专门的教育地理(学)学会(协会),在其国家级的地理学会(协会)下也未发现教育地理分会(或小组)。而我国的情况也与此类似,同样没有教育地理学方面的专业社团(学会),在中国教育学会、中国地理学会下亦无教育地理学分会(小组)。可见,以学术(者)社团为表征的教育地理学学术共同体尚未建立,使得教育地理学研究缺乏凝聚力、号召力和统合力,与蓬勃发展的教育地理学的实践需求显得不匹配,一定程度上阻滞了教育地理学走向成熟的进程。

---

① 李静、苏畅:《学术性社团发展与管理探索》,2020 年 12 月 20 日,见 http://www.chinanpo.gov.cn/700100/92602/newswjindex.html。

② 武克全:《学术社团:值得重视的社会群体资源》,《探索与争鸣》1998 年第 5 期。

③ 李华兴、吴嘉勋编:《梁启超选集》,上海人民出版社 1984 年版,第 13 页。

第七章 教育地理学学科体系 构建的改进完善

学科体系是一门学科的宏观骨架,是由学科知识体系及其各知识单元与非学科知识体系及其组成要素纵横交互、多元耦合的网状系统。从知识本体看,任何学科知识都将随着社会发展、科技进步,以及人类认识世界和改造世界能力的提升,而不断拓展深化并最终走向复杂化、丰富化。与此同时,学科知识与周边知识的交际叠加也越来越多,亦即其周边知识范畴更加宽泛。而从非学科知识要素运行看,知识规训制度、知识组织建制、学科人才队伍、专业建设、学生培养、学术刊物、学者社团等诸要素必然紧跟国家或区域社会经济发展动态调整。在这个意义上,由前述要素交互而成的学科体系,也必随社会经济发展而更新变化。因此,教育地理学作为一门应用性、实践性比较强的交叉学科,因应时代变化、社会需要、实践发展而优化改进、深化完善势在必行。

第一节 教育地理学学科体系构建的理念确立

考究教育地理学发展进程(学科史),教育地理学已然是一门行进中的正式学科。就我国而言,国家教育部在 2011 年正式批准教育地理学为地理学的二级学科,开启了教育地理学学科发展新篇章。但就学理而言,教育地理学依然是一门知识不系统、独立性不强、解释力不够的新兴学科,其在本质上是一门典型的实践驱动下为解决教育地理问题(诸如教育区位选择、教育空间布局、区域教育不平衡、校际不均衡,等等)而创生形成的知识体系,根本目的在于破解"教育—地理"关系矛盾体。由此可见,"教育—地理"关系研究具有跨学科的显著特征,其核心目标是通过调控"教育—地理"之间的关系,让两者间达到协同、实现优化,并最终落实到区域教育可持续发展上。但由于"教育—地理"关系具有人化、动态、开放、复杂、交互的特性,以现有的"教育—地理"关系研究成果作为理论基础建构的教育地理学学科体系,尚不能适应经济社会快速发展及人自由全面发展的需要。因此,我们应遵循现代人地关系理论,确立教育地理学学科体系优化改进、深化完善的基本理念,适时调整充实教育地理学学科体系,使其更好适应区域经济社会发展。

一、"教育—地理"关系的调控理念

就地理学一般认知而言,调控具有调节、控制的意思。从宏观层面看,"教育—地理"关系调控就是综合运用法律法规、规划计划、行政政策、经济杠杆等多种手段,对"教育—地理"关系系统的运行状态进行调节和干预,以保证其持续、快速、协调和健康发展。[1] 从这个意义上看,"教育—地理"关系系统的调控根本上就是作为教育活动的人(主体)主动地把握其地理环境,以便其产生对人类有利的教育影响或教育效果[2],亦即是协调区域教育发展过程中的各种矛盾与利益分配,将人类教育活动的规模和强度控制在自然环境和社会环境的容量(承载力)之内,使整个"教育—地理"关系系统循环再生。[3]

由于人地关系所涉及的因素复杂,以致在科学研究的实践中,只能够根据

---

① 左伟等:《人地关系系统及其调控》,《人文地理》2001 年第 1 期。
② 丁文荣、武友德、潘玉君:《基于控制论的人地关系系统调控与优化》,中国地理学会 2004 年学术年会暨海峡两岸地理学术研讨会论文摘要集,2004 年。
③ 盛科荣、樊杰:《地域功能的生成机理:基于人地关系地域系统理论的解析》,《经济地理》2018 年第 5 期。

研究目的、方法和手段,在复杂的因素系统中抽象出主要的方面进行研究①。按照系统论的一般原理,"教育—地理"关系系统由"教育系统"和"地理系统"两大系统构成,双方及其各要素、子系统之间存在着多样繁杂的直接反馈作用,形成紧密交织的时间关系、空间关系、要素关系,具体表现在两个方面:一是自然资源对人类教育活动(教育系统及其要素)的促进作用和自然条件(自然灾害、地势、海拔、气候等)对人类教育活动(教育系统及其要素)的抑控作用,二是人类通过向教育系统及其要素提供可控资源(诸如政策资源、经济资源、人力资源、科技资源、文化资源)②,开发利用不可控资源,激发教育系统活力,从而实现教育资源产出及其可持续发展,典型的如我国在改革开放初期对东部沿海地区教育的政策倾斜,2000 年西部大开发特别是 2012 年脱贫攻坚以来对西部地区教育的政策倾斜,对"双一流"高校的大力扶持。在某种程度上,教育的投入产出是"教育—地理"之间交互作用在教育—地理关系系统双向作用过程中最充分的体现③。由此我们可以在客观存在的自然地理条件基础上,科学分析特定教育区域的教育承载能力即地域综合体的承载力,综合运用政治、经济、法律、行政等多种手段,正确地调整教育结构,适度地布局各级各类教育,把教育活动总量、规模、结构、层次控制在一个合理范围内,在社会经济和资源承受范围内,可适度超前发展教育。进一步看,因不同尺度、类型地域的资源禀赋不同④,又可以建构不同层级、不同尺度的各种类型地域的"教育—地理"关系系统运行调控机制,亦即实现教育区域的多目标、多序列、多属性开发,推动区域教育综合协调发展;也可以通过智慧地球、地理信息系统(GIS)、空间探测技术等地理科学技术手段对特定区域的"教育—地理"关

①　王黎明:《面向 PRED 问题的人地关系系统构型理论与方法研究》,《地理研究》1997 年第 2 期。

②　段从宇:《中国高等教育区域协调发展研究》,科学出版社 2015 年版,第 150 页。

③　左伟等:《人地关系系统及其调控》,《人文地理》2001 年第 1 期。

④　彭世华:《发展区域教育学》,教育科学出版社 2003 年版,第 168 页。

系系统的演变趋势进行科学预测,形成教育区划方案和中长期教育规划体系,对教育系统发展作出远景谋划和宏观调控,实现教育系统的整体协调发展。

二、"教育—地理"关系的协同理念

"协同"是现代人地关系的重要命题,也是人地关系系统可持续发展的动力机制。一般而言,协同是指调动两个或者两个以上的不同资源或者个体,协调一致地完成某一目标的过程或能力。1971年,德国著名物理学家赫尔曼·哈肯率先提出了协同的概念,并在1976年出版的著作《协同学导论》中系统阐述了协同理论。他认为,整个环境中的各个系统间存在着相互影响而又相互合作的关系①。同时,他认为,在许多情况下,自组织都带有混沌态。② 当然,自组织系统总是从非平衡态趋向平衡态。可见,协同在根本上就是要实现系统的有序状态、排解系统的无序状态。从一般系统论看,在一个系统内,若各种要素不能很好协同,甚至互相排斥,这样的系统必然呈现无序状态,无法发挥整体性功能而终至瓦解。相反,若系统中各要素能很好配合、协同,多种力量就能集聚成一个总力量,发挥远远超越原各自功能总和的新功能。"教育—地理"关系系统作为一个有机整体,具有普通系统的一般特征,为使整体功能得以发挥,必须创造条件促成"教育系统"和"地理系统"两者之间以及教育系统内部各要素之间、地理系统内部各要素之间、教育系统内部各要素与地理系统内部各要素之间的协同。从这个意义上讲,必须注重"教育—地理"关系系统的协同性。换言之,"教育—地理"关系系统是一个永远开放的活系统,其总是与其周围环境要素进行着物质、能量、信息交换。因此,在教育—地理关系运行过程中,必须保持教育发展与自然环境及其资源结构大体一致,实现"教育系统"和"地理系统"两个系统共生共荣。

进一步看,"教育—地理"关系系统作为人地关系系统的重要组成部分,

---

① [德]H.哈肯:《协同学导论》,张纪岳、郭治安译,西北大学出版社1981年版,第206页。
② [德]H.哈肯:《协同学导论》,张纪岳、郭治安译,西北大学出版社1981年版,第11页。

既要遵循生态平衡规律又要遵循社会经济规律,亦即教育系统及其要素应与地理要素及其构成部分形成合作机制,相互作用、相互影响,协调推动,在地域综合体的承受能力范围内实现良性循环、共生协调,①并最终形成协同化的教育空间格局。

三、"教育—地理"关系的优化理念

就系统科学的一般认知,优化就是指在分析系统特性的基础上,采取一定的措施、方法和技术手段促使系统发挥最佳功能的过程。在哲学范畴系统论层面,任何事物都以系统形式而存在。而系统就是由相互作用和相互依赖的若干组成要素结合而成的具有特定功能的有机体,具有结构整体性、结构有序性和内部结构的优化趋向等基本特征。② 从这个意义上看,要素是系统整体的组成部分(典型的如每个地方尺度的区域教育都是由学校教育即学前教育、小学教育、初中教育、高中教育、中等职业教育、高等教育、成人教育等和非学校教育即家庭教育、社会教育、自我教育等③组成的系统),而这些要素又是按照一定的秩序、方式、比例合组的,其中任何要素的变化都会对其他要素和整体功能状态产生影响(典型的如我国高校扩招影响了高等教育系统、高中教育系统及整个教育系统的功能结构和组合状态)。

基于这一理论逻辑,我们在构建教育地理学学科体系时理应运用综合思维方式,着眼从整体功能状态优化去解决和处理教育地理实践问题和学科建设问题。具体体现在三个方面:首先,在结构整体性上,"教育—地理"关系系统作为一个整体是由若干部分(如子系统、要素、单元等)所构成,具有其各个要素或子系统(如教育系统、地理系统)都不单独具有的功能和性质,其整体

---

① 毛汉英:《区域发展与区域规划:理论·方法·实践》,商务印书馆 2008 年版,第 13—60 页。

② 柳长铉:《哲学范畴系统论》,延边大学出版社 1990 年版,第 60—61 页。

③ 王佳佳、韦珠祎:《"非学校化"教育 40 年:从改革理想到教育实践》,《外国教育研究》2019 年第 1 期。

新功能来自于各个要素或子系统的相互作用和结构优化,即"整体功能大于部分功能之和"。其次,在结构有序性上,"教育—地理"关系系统内部结构具有层次等级式的组织化特征,各个要素在其中必然有特定的位置、顺序和规则,若其内部结构稳定则整个系统就相对稳定,若其内部结构变化则系统的性质和功能就会发生相应变化,典型的如教育是一个大系统,伴随我国教育的不均衡发展(区域发展不平衡、城乡发展不平衡、校际发展不平衡)和内部结构的变化,影响教育发展的不稳定因素必然增加。最后,在系统整体发展方向上,"教育—地理"关系系统与其他社会事物一样,其形成与发展总是从无序向有序、从低级有序向高级有序的不断演化过程[1],若结构有序合理则促进其发展,若结构失序或不合理则阻碍其发展。概言之,"教育—地理"关系系统优化,本质上就是对"教育—地理"关系系统本身及其内部要素的动态调整,促进其与外界环境不断进行物质、能量和信息的交换,最终实现"教育—地理"关系系统的可持续发展。因此,在教育地理学学科建设中,要充分把握"教育—地理"关系系统内部结构的优化趋向,不断调整、完善、优化其结构,实现"教育—地理"关系系统的整体功能状态的优化提高、持续自生和发展协调。[2]

进一步看,研究"教育—地理"关系系统的优化问题,并非消除系统内部要素的差异或平均化发展,而是通过子系统的动态调整和协调互动来达成"教育—地理"关系系统的整体优化。客观而言,我们这里探讨的系统优化,应该是适度差距中的系统优化,亦即"教育—地理"关系系统各要素在相互作用和相互依赖中发挥各自相对优势,从差异走向交易、走向合作、走向共同(尽管不是同等程度的)繁荣,进而实现"教育—地理"大系统功能的

① 武杰、李润珍、程守华:《从无序到有序——非线性是系统结构有序化的动力之源》,《系统科学学报》2008年第1期。

② 申玉铭、方创琳、毛汉英:《区域可持续发展的理论与实践》,中国环境科学出版社2007年版,第18页。

整体优化。①

综上所述,教育地理学学科体系是教育地理实践的科学反映,其根本目的在于解决教育地理实践问题,沟通教育系统与地理系统。因此,教育地理学学科体系构建必须确立"教育—地理"关系调控、协同、优化理念,使整个教地系统在动态演替中实现可持续发展。

第二节　教育地理学学科体系构建的总体规制

从宏观层面看,按照学科评判的传统范式及经典标准②,教育地理学学科体系由学科知识体系(内在建制)和非学科知识体系(外在建制)构成,其中学科知识体系是教育地理学学科体系构建的基本前提,非学科知识体系是教育地理学学科体系构建的支持保障,二者共同驱动教育地理知识有序化、学科化、体系化发展。因此,研究构建教育地理学学科体系,理应统合学科知识体系和非学科知识体系。

一、教育地理学学科知识的系统整合

学科知识体系是指以学科基础知识为基础材料建立的学科整体框架结构③,是学科体系总体的基本构成。从哲学范畴来看,学科基础知识由本体论知识、认识论知识、方法论知识三类知识构成。从其内在逻辑看,本体论知识是认识论知识的基础,认识论知识是本体论知识的应用;认识论知识是方法论知识的基础,方法论知识是认识论知识的应用。换言之,在学科领域内,基于

---

①　李克:《中国区域经济适度差距及系统优化研究》,《北京大学学报(哲学社会科学版)》2001 年第 5 期。

②　黄新斌:《学科评判标准发展的逻辑进路——从以内统外、范式翻转到视域融合》,《重庆高教研究》2021 年第 1 期。

③　张宽:《浅谈中学历史学科知识体系的构建》,《学周刊》2015 年第 4 期。

研究实践的认识论和方法论总是以本体论为其前提、依据和指导思想,而认识论和方法论的任何进展都必然有利于本体论的发展。① 因此,教育地理学学科知识体系构建,必须从本体论知识、认识论知识、方法论知识三个维度系统整合其现实的和可能的知识内容与范畴,实现知识结构的有序化、系统化②。具体解析如下。

(一)本体论知识

从哲学范畴来说,本体作为一个哲学概念,其是对客观存在的一个系统的解释或说明,关心的是客观现实的抽象本质,故其是关于"存在"的学问,③也是对学科知识体系的总体规制与统领。从这个意义上来看,教育地理学实际上更像是一种关于教育地理事象本体的学说④,其所要回答的根本问题就是"什么是教育地理学"或"教育地理学是什么",以及萦绕附着其本体而生长的判别学科独特性的内在标准问题"教育地理学的研究对象、研究方法、理论体系是什么"⑤。理性认知并廓清这些问题,意在表达学科知识的内在本质及学科独立的内部合法性,也是教育地理学从混沌走向规范、从迷茫走向成熟的关键所在。换言之,教育地理学欲求成为一门独立学科,其关键就在于是否具有反映教育地理特性和内在本质的特定研究对象,并由此而确立的教育地理学学科概念体系。⑥ 借此而言,教育地理学本体论就是关于教育地理事象、教育地理过程本身的性质和特点的认识。换言之,本体论知识是教育地理学学科

① 庞卓恒:《历史学的本体论、认识论、方法论》,《历史研究》1988 年第 1 期。
② 杜小勇、马文峰:《学科领域知识本体建设方法研究》,《图书情报工作》2005 年第 8 期。
③ 李强:《生成词库研究范式:本体论、认识论、方法论》,《解放军外国语学院学报》2019 年第 2 期。
④ 李强:《生成词库研究范式:本体论、认识论、方法论》,《解放军外国语学院学报》2019 年第 2 期。
⑤ 方泽强:《学科标准与高等教育研究:传统学科标准的反思与新标准的构建》,《高等理科教育》2012 年第 5 期。
⑥ 曹文振、赖纪瑶、王延飞:《人工智能时代情报学发展走向之辨——对本体论、感知论、方法论、服务论的再思考》,《情报学报》2020 年第 5 期。

知识中的一种,即最抽象最一般的方面,既是别的知识的基础,又贯穿在它们之中。[1] 若将这些研究领域及所生产知识统合起来,就会形成会聚教育地理学学科概念、学科属性、研究对象、研究核心、研究内容、研究范畴、学科体系、研究方法、理论基础等学科基本问题领域知识,具有世界观意义的教育地理学分支体系即教育地理学"元学科"——教育地理学原理、教育地理学概论/导论、教育地理通论、教育地理思想史、教育地理学史等。

(二)认识论知识

就唯物主义辩证法的普遍认知,认识是主体在实践基础上对客体的能动反映,而认识论就是以知识为研究对象的理论[2],抑或是关于某种(类)知识的认识系统,意在揭示知识的本质特征。据此理解,教育地理学认识论就是关于教育地理学认识的理论,既包括关于具体教育地理事象的认识,也包括关于教育现象、教育问题的地理过程(即教育地理过程)的性质特点的总的认识,诸如教育地理认识从哪里来? 教育地理认识过程中的主客体关系如何? 教育地理学的认识与教育学、地理学的认识有何异同? 关于教育地理过程的性质特点的总体认识与关于具体教育地理事象的认识的关系如何? 教育地理认识具有哪些社会功能? 教育地理认识的检验标准是什么? ……[3]当然,凡此种种认识,并非等量齐观,在学科领域中具有同等属性与地位。基于这一判断,我们根据认识(知识)的属性和地位差异,将学科知识范畴分为核心知识范畴、基本知识范畴、周边知识范畴三大模块。而从学科生成机理看,任何一个知识范畴都是由一系列概念构成的知识体系,具有内在联系的不同知识范畴构成了学科知识体系。因此,我们将以概念知识为前提,从核心知识范畴、基本知

---

① 高新民、胡嵩:《工程学本体论:本体论的形而下走向及其意义》,《科学技术哲学研究》2020 年第 3 期。

② 季国清:《关于现代认识论的定义与界说》,《求是学刊》1992 年第 4 期。

③ 庞卓恒:《历史学的本体论、认识论、方法论》,《历史研究》1988 年第 1 期。

识范畴、周边知识范畴三个维度对教育地理学认识论知识作全面解析。

1. 核心知识范畴维度

按照学科评判的经典标准的一般逻辑,是否具有独特性的研究对象是评判一门学科的核心指标。进一步看,研究对象是划分学科的前提,独特的对象可以保证学科之间界限清晰、分工明确、功能互补、效率提升,防止边界重叠导致重复劳动和重复建设。[①] 因此,围绕特定学科研究对象本体而生产的概念可称为学科核心概念,由此而积累形成的知识范畴可称为学科核心知识范畴。就教育地理学而言,其研究对象是地球陆地表层的教育空间系统,研究核心是人地关系教育地域系统。[②] (前文已经作过详细阐述,此处不再赘述)据此,我们初步认为:教育地理学概念体系中的核心概念就是教育空间。这与既有文献和学术共同体的认知及 20 世纪 70 年代以来地理学研究的空间转向的趋势是基本吻合的。通过已有研究梳理,针对教育空间的知识主要有宏观教育空间布局知识、学区布局(点)规划知识[③]、校园(学校教育)空间知识[④]、社区教育空间知识[⑤]、微型教育空间(如城中村、城郊接合部)知识等,由此会聚的知识构成了核心知识范畴。

2. 基本知识范畴维度

基本知只范畴主要是研究实践基础上形成的与研究对象、研究核心具有一定内在联系的知识的积累,其与核心知识范畴共同构成一门学科的基本框架。随着教育地理学研究深化和地理科学发展,教育地理学的基本知识概念日益增多,主要体现在以下不同尺度的教育地理知识层面:

---

① 黄新颖:《学科评判标准发展的逻辑进路——从以内统外、范式翻转到视域融合》,《重庆高教研究》2021 年第 1 期。

② 潘玉君等:《教育地理区划研究:云南省义务教育地理区划实证与方案》,科学出版社 2015 年版,第 1 页。

③ 罗明东:《教育地理学》,云南大学出版社、云南人民出版社 2012 年版,第 109—111 页。

④ 辛晓玲、付强:《学校教育空间研究的现状与趋势》,《当代教育科学》2019 年第 4 期。

⑤ 肖甜等:《国际社区教育空间布局不均衡研究》,《世界地理研究》2020 年第 5 期。

（1）类型（层级）尺度层面的教育地理知识。人类社会发展至今，教育已然是一个庞杂的社会巨系统，不仅有依据活动特征、学校性质、办学主体、教育阶段、教学时间、教学方式/手段、教育证书等各种差异而形成的庞大的教育类型系统，也有从幼儿教育到高等教育的复杂的教育层级系统。因此，教育地理学不仅要研究教育系统整体的空间分布、地域特征和地域功能，还要研究各种类型、各个层级教育的空间布局、地域特征和地域功能。从制度化水平看，教育可分为正规教育、非正规教育和非正式教育，而从活动特征看，人类教育活动主要包括家庭教育、学校教育、社会教育、自我教育等类型，其中学校教育又可根据各级各类学校教育制度差异分为不同类型，这些不同类型的教育与地域交互作用，就形成了不同的教育地域系统，进而形成了具有相对独立的研究对象、研究任务和研究范畴的教育地理知识体系。据此，我们可以把教育地理知识分为"正规教育地理知识、非正规教育地理知识、非正式教育地理知识"和"家庭教育地理知识、学校教育地理知识、社会教育地理知识、自我教育地理知识"等知识领域。而学校教育地理知识又可划分为不同的知识领域，诸如：按照教育程度/层级，可以分为学前教育、初等教育、中等教育、高等教育等各级教育地理知识；按照学校性质，可以分为普通教育地理知识、专业教育地理知识、职业技术教育地理知识；按照办学主体，可以分为中央教育地理知识、地方教育地理知识、公办教育地理知识、民办教育地理知识、混合所有制教育地理知识；按教育阶段，可以分为学龄前教育地理知识、学龄教育地理知识、成人教育地理知识；按教学时间，可以分为全日制教育地理知识、半工半读教育地理知识、业余教育地理知识；按教学方式/手段，可以分为面授教育地理知识、函授教育地理知识、广播电视教育地理知识、远程教育地理知识、网络教育地理知识、数字教育地理知识、智能教育地理知识；按照教育证书，可以分为学历教育地理知识、学位教育地理知识、培训教育地理知识。

（2）区域尺度层面的教育地理知识。毋庸讳言，不同尺度的地域，必然有不同的地域特征、地域结构、地域功能和资源禀赋。故附着于一定地域的教育必然有其相应的地域差异,最典型的表征就是区际间、城乡间、校际间、高原与平原间教育发展不平衡。而且在区域内部,上位系统与下位系统(或子系统)也有其地域、区位、规模、结构、功能的差异。因此,教育地理研究应关注区域教育的规模、结构、教育水平、资源配置效率及其教育思想、观念、体制、制度的变化。按照区域大小及层级,可以把教育地理知识分为宏观教育地理知识、中观教育地理知识、微观教育地理知识。其中宏观教育地理知识主要是关于全球和国际性的教育空间布局、演变规律及其它们之间的地域分异,包括世界教育地理知识、大洲教育地理知识、大洋沿岸教育地理知识、西方教育地理知识、东方教育地理知识、国别教育地理知识等;中观教育地理知识主要是关于国家及区域性的教育空间布局、演变规律、地域差异及其它们之间的相互关系,包括国家教育地理知识、区域教育地理知识、高原教育地理知识、平原教育地理知识、省域教育地理知识、市域教育地理知识、县域教育地理知识、边疆教育地理知识等;微观教育地理知识主要是关于各类具体区域或者聚落教育的位置选择、空间布局、资源配置及其它们之间的相互关系,包括城市教育地理知识、乡村教育地理知识、社区教育地理知识、学校教育空间知识等。

(3)主体尺度层面的教育地理知识。从人地关系看,教育应是"人化"的教育,其根本目的就是促进人自身的发展。在这个意义上,教育活动的真正主体是人本身。而这里的人又是由不同的群体或者类别即教师群体、受教育群体(诸如儿童、少年、青年、成年、老年、男性、女性、人才、工人、少数民族、残障人士等群体)合组而来,其规模大小、分布格局、素质高低、族际结构等在一定程度上影响着教育的空间布局和区域教育的协调发展。因此,在一定尺度区域内,教育地理研究必须在教育活动的总体框架下,研究特定主体/群体的教育的空间布局和发展水平及地域特征,探索区域内不同群体间的教育公平驱动机制和保障机制。鉴于此,我们可以把教育地理知识分为教师教育地理知识、儿童教育地理知识、少年教育地理知识、青年教育地理知识、老年教育地理知识、妇女教育地理知识、男性教育地理知识、特殊教育地理知识、人才教育地理知识、工人教育地理知识、民族教育地理知识,等等。

(4)学科(部门)尺度层面的教育地理知识。从现代高等教育的运行机制看,高校人才培养通常是通过学科及其专业进行培养的,而这些学科及专业的划分和设置大多运用社会职业分工逻辑,亦即学科及专业与社会职业相对应,意在通过专业人才、科学知识、解决方案的输出融入和服务区域经济社会发展。故教育地理学要研究不同区域学科人才教育发展的区域差异和区域内不同学科人才培养的协调度及其与经济社会、地理要素之间的相互关系。基于此,教育地理知识可分为师范教育地理知识、农业教育地理知识、水利教育地理知识、工业教育地理知识、商业(工商)教育地理知识、医疗卫生教育地理知识、社工教育地理知识、科技教育地理知识、宗教教育地理知识、法律教育地理知识、文化教育地理知识、艺术教育地理知识、旅游教育地理知识、公安教育地理知识、军事教育地理知识、体育教育地理知识、交通运输教育地理知识、建筑教育地理知识、环境教育地理知识、党政(干部)教育地理知识[1],等等。

3. 周边知识范畴维度

周边知识通常生长在学科边缘地带或与其他学科的相邻地带、交叉融合地带,是学科知识不断拓展和充实的结果。在理论上,随着学科规范化程度不断提高,学科边界逐步衍化扩张,周边知识会日益增多,周边知识范畴必然扩大,特别是在现代科学技术知识驱动下,学科边界局限可能被突破甚至弱化。

一般而言,周边知识的生长汇聚主要体现在两个方面。

首先,学科本体对横断学科知识的消化吸收。随着"老三论"(系统论、控制论、信息论)、"新三论"(耗散结构论、协同论、突变论)、区位论、区划学、地图学等逐步应用到教育地理研究中,并交互融合,为教育地理研究实践和教育地理问题解决提供了新的思路,可能生成一些新的具有横断学科性质的知识概念,典型的如教育地理信息系统知识、教育地域系统知识、教育地理协同论、

---

① 罗明东:《教育地理学》,云南大学出版社、云南人民出版社 2012 年版,第 112 页。

教育地理结构论、教育地理信息论、教育区位论、教育区划知识、教育地图知识。

其次,学科本体与周边相关学科知识的交叉。随着缘起学科(教育学、地理学)的持续发展,教育地理研究的逐步深化,教育地理知识将会向周边学科进一步渗透,形成新的交叉或边缘知识研究领域,即作为交叉学科的教育地理学与其他周边相关学科再交叉、再融合,典型的如教育地理学与经济地理学或教育经济学交叉形成教育经济地理知识领域,与教育政策学或政策地理学交叉形成教育政策地理知识领域,与教育文化学或文化地理学交叉形成教育文化地理知识领域,与教育社会学或社会地理学交叉形成教育社会地理知识领域,与教育人口学或人口地理学交叉形成教育人口地理知识领域,与教育法学或法律地理学交叉形成教育法律地理知识领域,与科研地理学交叉形成教育科研地理知识领域,与教育传播学或传播地理学交叉形成教育传播地理知识领域,与地图学交叉形成教育地图知识领域,与教育生态学或生态地理学交叉形成教育生态地理知识领域,与教育技术学或技术地理学交叉形成教育技术地理知识领域,与教育史或历史地理学交叉形成教育历史地理知识领域,等等。这些知识领域必将形成新的学科知识,拓展学科范畴,延伸学科厚度。

综上,教育地理学学科知识及学科体系内容构成的认识论,归根结底即"教育地理研究学术共同体"对客观教育地理事象的本质规律的认识,是"教育地理研究学术共同体"在教育地理事象上主观见之于客观的外在表现。换言之,在教育地理事象本质及其客观属性既定的情况下,有什么样的教育地理研究学术共同体,就会有什么样的教育地理学学科知识及学科体系内容构成认知。在客观教育地理事象的背后,不同的教育地理学学科知识厘定,直接与教育地理研究学术共同体的主观意识、认知能力、认知水平相关。只有当这一群体对教育地理事象的认识发展到高级阶段,教育地理学学科知识及学科体系内容构成的认识方能不断接近其核心与本质。从这个意义上看,对教育地理学学科体系构建的研究,同样也符合哲学范畴内事物认识的一般规律,是一个由浅入深、由低级到高级、由不完善到完善的过程。随着越来越多的研究者加入这一领域,我们离实现教育地理事象本质认知的距离必会越来越近,其作为新型交叉学科的发展也将迎来更加美好的明天。

(三)方法论知识

在哲学意境中,方法是人类认识世界、改造世界应遵循的某种方式、途径和程序的总和,并非是"物化了的手段",①正如黑格尔所说"方法也就是工具,是主观方面的某个手段,主观方面通过这个手段和客体发生关系……"②而方法论就是关于人们认识世界、改造世界的方法的理论,是哲学范畴的一个基本命题,意即人们用何种方式、方法来观察事物和处理问题,其要回答的根本问题就是"怎么办"的问题。从这个意义上说,方法论是一种以问题导向为核心建构的理论体系或系统,主要涉及科学问题的阶段、任务、工具、方法技巧的论述,并非指代某一研究方法,而是表征不同层次(包括三个层次:第一层次为哲学方法论,第二层次为一般学科方法论,第三层次为具体方法论)方法论集合即方法体系。具体而言,从第一层次看,哲学方法论就是基于客观事实材料,按照一定的逻辑规律、操作规则、运行机制形成概念、作出判断、展开推理,主要包括比较、分析、综合、抽象、概括、演绎、归纳等方法,也就是在宏观层面运用哲学的逻辑方法对既有的事实、命题、理论等进行考察可以得到新的、更深刻而全面的知识,典型的如基于"教育地理学"为本、"教育学、地理学等其他学科"为用的跨学科研究方式或多学科研究方式③。从第二层次看,一般学科方法论主要是具有普遍意义的学科研究方法,包括质性研究方法和量化

① 杨铭铎:《科协组织的特征及工作方法之我见——以科普工作为例》,《科协论坛》2012年第10期。
② 《列宁全集》第38卷,人民出版社1986年版,第236页。
③ 黄新斌:《学科评判标准发展的逻辑进路——从以内统外、范式翻转到视域融合》,《重庆高教研究》2021年第1期。

研究方法,其中质性研究方法是从大量的社会现象出发,大量占有材料,经过分析和综合,找出其中规律的方法。[1] 典型的如从大量的教育地理事象(诸如教育发展的区域间、城乡间、校际间不平衡,教育的东中西分异、南北分异,高原教育与平原教育差异,等等),抽象出反映教育地理内在本质的关系,概括提炼出概念体系、知识范畴,进行推理判断,进而形成教育地理方法理论,并在实践中检验完善。而量化研究方法则是对事物和社会现象的存在、发展、变化以及构成事物和社会现象的成分、关系、空间排列等用数量表示其规定性的研究方法。[2] 典型的如教育地理学应用定量研究方法可以从某类型尺度教育与区域地理要素之间,特定区域尺度的区域教育与其他区域教育之间,高一级教育地域系统与低一级教育地域系统之间的相互关系、相互作用及其构成的数量变化和数量关系中找寻一定的规律。从第三层次看,具体方法论就是微观层面开展学科研究的具体方法,即研究教育地理事象和解决教育地理问题的各种具体方式、方法,典型的如调查法、地图法、访谈法、观察法、文本分析、话语分析等[3]。

上述不同层次的研究方法类知识积累会聚就形成了教育地理学方法论知识体系,生成教育地理学方法论层面的分支体系即教育地理学方法论、教育地理研究方法、教育地理科研方法。

二、教育地理学非学科知识的统筹改进

非学科知识(即学科的外在建制)是学科体系的重要支持和保障。对于新兴学科而言,在外部建制没有建立的情况下,缺少有组织的资源支撑,研究

---

[1] 沈永辉:《质性研究方法在国外教育政策研究中的应用与价值》,《比较教育研究》2018年第8期。

[2] 朱立霞、蔡金亭:《用定量研究方法 走科学研究之路——评介〈定量型社会科学研究方法〉》,《暨南大学华文学院学报》2001年第4期。

[3] [英]乔纳森·格里斯编:《研究方法的第一本书》,孙冰洁、王亮译,东北财经大学出版社2011年版,第58页。

是零星的、无序的,知识的生产与积累只能以低效率的方式进行,形成成熟的知识体系需要长时间的积累并克服无数困难,发展缓慢的同时也难以积极有效地服务于实践获得社会认同,学科建设由此陷入恶性循环。① 根据学科评判的传统范式及经典标准,评判一门学科是否成立,至少要满足四个外在条件,即学科人才队伍、在大学开办专业及培养学生、学术期刊、学术(者)社团。因此,教育地理学学科体系构建应统筹考虑这四个要件。

（一）学科人才队伍

学科人才队伍或研究队伍(含个人和团队)是学科建设的主体,是推动学科形成发展、走向成熟的根本力量。教育地理学作为一门新兴学科,理论基础总体薄弱,受重视程度低,发展较为缓慢,与学科人才队伍薄弱、缺少稳定可靠的研究团队不无关系。尽管从教育地理学的研究范畴看,区域教育领域和教育资源配置领域的研究者比较多,大有欣欣向荣之势,但其大多并非专门从事教育地理学研究,相关研究内容偏向区域教育学和地理教育学,缺少从交叉学科的视角对教育地理学本体知识开展研究。

（二）专业建设及学生培养

开办学科专业是学科持续发展的重要载体,也是专业人才培养的基础平台,更是学科专业知识传授的关键机制。可以说,专业建设是一门学科取得外部合法性的核心环节。若没有开设专业,一门学科的发展就缺少依靠,学科专业人才培养就缺少依托,难以形成学科的影响力、向心力、凝聚力、号召力。从学科发展现实看,截至目前,尚无大学在本科/专科阶段开设教育地理学专业和《教育地理学》专业课程,而在硕士研究生和博士研究生阶段也仅仅只有云南师范大学开设过教育地理学专业及《教育地理学》专业课程,且《教育地理

① 刘小强:《学科建设:元视角的考察——关于高等教育学学科建设的反思》,厦门大学博士学位论文,2008年。

学》课程缺乏专业、规范、权威的教材。可见，教育地理学的专业建设极其薄弱，其专业发展尚有漫长的路要走。

（三）学术期刊

专业性学术期刊在学术共同体的形成、研究范式的传播、学术梯队的培育、学科新概念的认受、学术热点的引导等方面具有极其重要的作用。① 换言之，一个主流的、权威的、有担当的专业性学术期刊，直接关乎一个学科的整体学术水平和可持续发展能力及社会影响力。从这个意义上看，没有开办教育地理学方面的学术期刊是教育地理学发展的重要短板，在一定程度上制约了教育地理研究成果的有效表达和教育地理学话语体系的科学构建。因此，有关部门和机构应尽快开办教育地理学方面的学术期刊。

（四）学术（者）社团

学术社团是以某一学科或专业为研究对象的科学共同体②，正如库恩所说："一个科学共同体由同一科学专业领域中的工作者组成。"③就其本质而言，学者社团是社会组织，一般包括学术研究机构、研究协会、专业学会，是推动学科建设、整合学术资源、促进学术研究的重要力量。从学科建设实践看，任何一门取得合法性外衣和规范化发展的学科，都有其相应的学术（者）社团作为支撑。反观教育地理学学科建设，至今没有组建教育地理学方面的学术社团。从这个意义上看，关涉教育地理学的学术共同体或科学共同体尚未形成，即便是凤毛麟角的教育地理学研究者也无学科归属感和学科的自觉自信，这也是教育地理研究缺乏统合力的关键因素。

---

① 施爱东：《学术期刊创办与学科建设发展》，《民间文化论坛》2019 年第 4 期。
② 夏东荣：《学术社团（学会）协作与跨学科研究——以人文社会科学类学会为例》，《江苏师范大学学报（哲学社会科学版）》2015 年第 6 期。
③ ［美］托马斯·库恩：《科学革命的结构》，金吾伦、胡新和译，北京大学出版社 2003 年版，第 159 页。

第三节　教育地理学学科体系构建的改进思考

教育地理学学科体系构建是一个庞大而复杂的系统工程。尽管已历经百余年发展历程,但其依然是一门理论发展滞后、独立性不足、系统性不强、解释力薄弱的新兴交叉学科。究其原因,主要在于学科理论知识研究薄弱、学科人才队伍建设滞后、专业建设及学生培养不足、学术期刊发展缓慢、学术(者)社团(学会)尚未建立等。为此,作为一门有重大新兴知识增长潜力和"一流学科"建设价值愿景的人文社会科学与自然科学交叉融合而来的交叉学科,我们应着力从以下几个方面加速推进教育地理学学科体系的优化发展。

一、加强学科理论知识研究

学科理论既是学科建设发展的基础,也是学科研究实践的向导。站在交叉学科发展的新的历史起点上,我们应进一步加强教育地理学学科理论知识的研究,亦即深化教育地理学的基础理论研究。具体可从四个方面着力:一是要加大教育地理学基础理论方面的选题力度,增加研究课题数量,切实丰富其基础理论研究成果;二是要深入总结提炼教育地理学应用实践方面的研究成果和实际经验,特别是在区域教育和教育资源配置领域,形成一些一般意义上的具有普遍性的规律性的科学理论认识;三是要统合教育地理学的理论研究和应用研究,促进理论研究和应用研究的协调、协同发展;四是要拓宽教育地理学理论研究思路,观照教育学视角、地理学视角、交叉学科视角、多学科视角,增强学科理论的解释力。

二、着力学科人才队伍建设

学科人才队伍是学科发展的根本。我们要立足教育地理学科人才队伍薄弱的实际,全面加强学科人才队伍建设,构建高层次、专业型的师资队伍。

一是要加强学科人才"内培",盘活人才存量。从学科建制来看,教育地理学在缘起时,其研究者通常分散在教育学科和地理学科两个领域,难以形成学科合力。因此,有必要组建独立的教育地理学研究机构,整合教育地理学方面的相关研究人员,加大激励资助力度,激发人才队伍活力。二是要加强学科人才"外引",扩大人才增量。从人才总量看,教育地理学研究者偏少,大批引进本学科人才必有局限,可从教育学、地理学(如经济地理学、政治地理学、文化地理学、人口资源与环境)、人类学、历史学等相关学科选用优秀人才。

三、深化专业建设及学生培养

专业建设是教育地理学学科建设发展的重要平台。首先,国家教育主管部门应鼓励有条件的高校设置教育地理学本科专业,营造跨学科人才培养氛围,引领更多人投入到交叉学科的学习和研究。其次,加大"教育地理学"专业课程体系建设,增加缘起学科教育科学、地理科学及相关学科人类学、民族学的基础课程,拓宽教育地理学专业学生综合基础知识。最后,加大专业教材建设力度,组建有关专家学者科学编制《教育地理学原理》《教育地理学概论》《教育地理学导论》《教育地理通论》《教育地理学方法论》《教育地理研究方法》《教育地理思想史》《教育地理学史》等教材,为教育地理学专业教与学提供素材。

四、构建学术期刊及学者社团

学术期刊及学者社团是学科知识生产与传播的重要载体,必须分类推进。首先,在学术期刊层面,国家新闻出版等期刊管理部门应适度统筹调节学术期刊资源,采用新办或者调整变更方式,开办教育地理学等交叉学科方面的专业性学术期刊,为其研究成果提供平台;鼓励现有教育学类、地理学类、综合类学术期刊开设教育地理学专栏或者组建教育地理学专刊,激发研究者研究兴趣。其次,在学者社团方面,国家科协、民政等部门要鼓励教育地理学研究人员组建专门学会(研究协会),或在中国地理学会、中国教育学会、中国交叉科学学会下设立教育地理学分会(小组),增强教育地理学研究人员学术共同体意识,提升学科影响力;有关高校及研究人员可按照国家民间社团登记的有关规定自发组建教育地理学方面的学术研究机构或协会。

综上,上述对策建议主要是从传统学科评价范式的内在建制标准和外在建制标准两个方面提出的,对推动教育地理学的发展具有重要意义。当然,我们也应该看到,教育地理学从萌芽到现在,其根本上就是为解决教育地理实际问题。换言之,教育地理学本身就是为解决社会教育问题、服务国家经济社会发展而存在和发展的。因此,教育地理学作为一门应用性、综合性的现代交叉学科,可在学科评价传统范式基础上,更加注重从学科评价现代范式出发,立足社会实际需要、着力社会重大问题、寻求教育地理解决方案,围绕重大研究项目(典型的如区域教育发展不平衡、城乡教育发展不平衡、农村地区教育发展问题、西部地区教育发展问题等)进行多学科、跨学科研究,进而推动教育地理学的学科化发展,亦即通过外部建制引领和驱动教育地理学学科体系不断完善。

第八章 余 论

如果说在前述章节,我们已然建构起一个"言之成理、持之有故"的"教育地理学体系",那么从超越"'教育—地理'学科融合视角"和"地理学这一特定视角的教育地理学"来进行审视,我们也在思考:抛开单一的学科视角,直指本然意义上的教育地理学,其核心究竟应该是什么? 为此,在本章我们将以"余论"的形式,从"教育地域系统构建"的角度,重审教育地理学的本质认识。

第一节 以教育地域系统构建重审教育地理学

基于人地关系地域系统理论的教育地域系统构建是实现"教育—地理"良性互动,激发区域教育发展潜能的必由路径。"教育"与"地理"共时交互和历时演进而成的教育地理事象是人类社会最具主体性、能动性、实践性、地域性的地理事象。历久以来,立足地理环境并以"人—地"交互关系为动力机制的教育运行发展是人类形塑教育空间系统[1]的历史课题,也是人类持久探索破解的现实课题,其根本着眼点在于"教—地"矛盾关系问题。根据科学问题的形成机理,"教—地"矛盾关系是一个典型的多元交叉的科学研究领域,必须从教育与诸多地理要素动态交互关系及其历时演进角度作系统性、整体性考量。

考究"教育—地理"互动关系问题,古圣先贤们曾对其作过零散性、碎片

---

① 杨颖、孙亚玲、孙俊:《国外教育地理研究回顾与借鉴》,《世界地理研究》2016 年第 4 期。

化认知,诸如历史典故"孟母三迁""居山者不知渔,居泽者不知猎""近朱者赤,近墨者黑""染于苍则苍,染于黄则黄"等①。受此影响,古代中国、古埃及、古希腊、古印度的学校(如官学、私学、宫廷学校、僧侣学校、骑士学校、书吏学校)、书院(如中国古代书院、西方中世纪大学②)、训练场所(如军事训练③、武术训练④、体育训练⑤)等具有教育性质的机构几乎都位于大江大河、名山大川等自然环境较为优越的地域⑥。因当时人类认识改造自然的能力总体不高所局限,这些传统认知没有形成独特的学术研究领域和科学知识表达。而近代以来,社会生产力、政治、经济、文化、科技、人口等要素系统的深化发展及人类认识改造自然的能力特别是超空间能力的持续提高,在更深层次、更宽领域、更高水平、更复杂程度上影响和驱动教育发展⑦,教育土地利用、教育空间规划、教育机会公平、教育空间分异、区域教育均衡发展、教育资源优化配置、教育地域分工协作、教育地理区划等一系列新型的现代"教—地"关系问题愈发突出,亟待一门综合交叉的横跨教育、地理知识领域的科学知识体系进行系统化、专门化研究。教育地理学作为其学科化回应在 20 世纪初正式创生。

回顾教育地理的学科发展史,其仍可谓是一门问世不久、理论薄弱的新学科。诚然自学界普遍认为的美国约翰斯·霍普金斯大学教授威尔塞在 1932 年首次提出"教育地理学"称名⑧,特别是英国学者瑞巴在 1968 年提出"倡导

①　陈学恂主编:《中国近现代教育文选》,人民教育出版社 1983 年版,第 116 页。
②　李华:《浅析中国古代书院与西方中世纪大学之异同》,《湖北广播电视大学学报》2014 年第 3 期。
③　刘鸣:《先秦秦汉的军事训练及其时间问题探究》,《重庆师范大学学报(社会科学版)》2019 年第 2 期。
④　王凤杰:《我国古代武举武学与体育教育发展之关系探析》,《体育成人教育学刊》2013 年第 3 期。
⑤　韦欧阳:《古希腊斯巴达体育教育价值研究》,《体育科技文献通报》2017 年第 6 期。
⑥　罗明东:《教育地理学》,云南大学出版社、云南人民出版社 2012 年版,第 5 页。
⑦　罗明东:《教育地理学》,云南大学出版社、云南人民出版社 2012 年版,第 5 页。
⑧　E.C.Walther, *An introduction to educational geography: A guide to the professional study of modern general and regional geography for teachers*, Michigan: Edwards Brothers, Inc. Publishers, 1932, p.1.

设立教育地理学这样一门学科来对地理学和教育学之间的广泛相容性——教育地理现象进行研究"①的学科化发展要求以来,其已然成为地理学特别是人文地理学的研究热点和前沿领域。从既有研究看,教育地理研究②重点聚焦教育土地使用③、教育规划④、区域教育协调发展⑤、区域教育公平⑥⑦、城市教育地理变迁⑧、城市教育反思⑨、农村教育地理⑩、健康教育地理⑪、教育的社会公正⑫、教育地理信息系统⑬、教育空间布局⑭(含儿童教育活动场所⑮、教

---

① R.H.Ryba,"The geography of education:A neglected field", *University of Manchester School of Education Gazette*,No.12(December 1968),pp.21-23.

② G.Hones & R.H.Ryba,"Why not a geography of education?",*The Journal of Geography*,Vol.71,No.3(March 1972),pp.135-139.

③ A.K.Phibrick,"The Geography of education in the Winnetka and Bridgeport communites of Metropolitan Chicago",*Faculty of Geograghy in University of Chicago*,1949,p.2.

④ 徐辉《关于"十四五"教育规划的若干建议》,《教育研究》2020年第5期。

⑤ 段从宇:《中国高等教育区域协调发展研究》,科学出版社2015年版,第1页。

⑥ P.Forer,"Flexible delivery and social learning:Seeking a new geography of education for GIS and GIS in education",*Transactions in Gis*,Vol.2,No.2(November 1997),pp.169-179.

⑦ Ela Ataç Kavurmacı,"Modeling educational inequalities:Class,academic achievement,and regional differences in Turkey",*Education and Urban Society*,Vol.51,No.5(December 2017),pp.659-692.

⑧ Eric Freeman,"The shifting geography of urban education",*Education and Urban Society*,Vol.42,No.6(September 2010),pp.674-704.

⑨ Edward Buendia,"Reconsidering the urban in urban education:Interdisciplinary conversations",*Urban Review*,Vol.43,No.1(January 2011),pp.1-21.

⑩ M.Corbett,"Toward a geography of rural education in Canada",*Canadian Journal of Education*,Vol.37,No.3(July 2014),pp.1-22.

⑪ A.W.Browne & H.R.Barrett,"Moral boundaries:The geography of health education in the context of the HIV/AIDS pandemic in Southern Africa",*Geography*,Vol.86,No.1(January 2001),pp.23-36.

⑫ N.Bright,Geoffrey,Manchester,et al,"Space,place,and social justice in education:Growing a bigger entanglement:Editors' introduction",*Qualitative Inquiry*,Vol.19,No.10(October 2013),pp.747-755.

⑬ 王石岩、禄丰年、谢孟利:《基于NewMap的教育地理信息系统的开发》,《测绘与空间地理信息》2012年第9期。

⑭ C.Brock,*Geography of education:Scale,space and location in the study of education*,New York:Bloomsbury Academic,2016,p.1.

⑮ B.Pini,K.N.Gulson,P.Kraftl,et al.,"Critical geographies of education:An introduction",*Geographical Research*,Vol.55,No.1(February 2017),pp.13-17.

育空间模型①)、学校位置(选址)②、教育文化资源配置③、区域教育历史④等
教育地理问题,彰显了教育供给与社会空间变化之间的关系⑤的研究取向,为
初步解决我国义务教育均衡、区域教育规划、区域教育机会公平、跨尺度区域教
育协作等现实问题提供了必要的理论支撑和应用方案,构筑了我国教育在总体
上从"跟跑"逐步迈向"并跑"甚至"领跑"的发展格局。但是,这些研究既没有
把教育地理问题特别是"教—地"关系置于人地关系这个巨系统中进行系统性
整体性考量,也没有从人地关系地域系统具体化特殊化的角度把教育地域系统
作为教育地理学研究对象⑥及研究核心⑦,致使作为解决我国区域教育发展不
均衡(诸如地带间、区域间、城乡间、校际间)、教育资源及教育投入区域性集中
等突出问题的基础理论——教育地理学原理严重脱节于现实、滞后于实践⑧,也
正是因为教育地理理论研究不足,在一定程度上造致区域教育均衡发展及其区
域教育体系自我完善机制等重要问题未能有效解决⑨。因此,系统解决区域教
育发展不均衡的问题,首先应该在理论上进行广泛的探讨和大胆的探索,其

---

① G.H.Hones,"Spatial models in the geography of education",*PhD Thesis*,*University of Bath*,1973,p.1.

② J.R.Logan,E.Minca & S.Adar,"The geography of inequality:Why separate means unequal in American public schools",*Sociology of Education*,Vol.85,No.3(July 2012),pp.287-301.

③ Michele Wood,Linda Liebenberg,Janice Ikeda,et al,"The role of educational spaces in supporting Inuit youth resilience",*Child Care in Practice*,Vol.26,No.4(October 2020),pp.390-415.

④ Frances Vavrus,"Topographies of power:A critical historical geography of schooling in Tanzania",*Comparative Education*,Vol.52,No.2(April 2016),pp.136-156.

⑤ Gry Paulgaard," Geographies of inequalities in an area of opportunities:Ambiguous experiences among young men in the Norwegian High North",*Geographical Research*,Vol.55,No.1(February 2017),pp.38-46.

⑥ 伊继东、姚辉:《教育地理学研究对象及内容的思考》,《云南师范大学学报(哲学社会科学版)》2012年第2期。

⑦ 潘玉君等:《教育地理区域研究:云南省义务教育地理区划实证与方案》,科学出版社2015年版,第1页。

⑧ 罗明东:《教育地理学:反思与前瞻》,《学术探索》2016年第1期。

⑨ 张倩琳、李晶:《中国基础教育的空间差距与空间分异格局研究》,《现代教育管理》2019年第4期。

中利用区域既有资源,构建完整的区域发展体系是区域教育均衡化发展的重要途径。因此,本章基于教育地理学的理论发展和现实需求,尝试深入阐释教育地域系统的概念与特征,解析其基本构成及运行发展的过程,以从根本上补充、丰富和完善本书对教育地理学学科体系构建的研究。

第二节　教育地域系统的概念阐释及特征分析

从形式逻辑看,概念阐释及特征厘定是教育地域系统构建的基本前提。其中,教育地域系统的概念阐释有助于我们从根本上明确该系统的边界所限,而特征厘定则可使我们更加清晰地洞见这一系统区别于其他人文地理要素地域系统的本质内涵。

一、教育地域系统的概念阐释

教育地域系统是教育地理知识概念系统中的一个新兴的称名表达,既非教育学的专业术语,也不是地理学的固有概念,我们可以直观理解为"教育的地域系统",即被限定在"教育领域"的"地域系统",明显区别于政治、经济、文化等其他人文地理要素领域的地域系统,本质上是系统论思想在教育地理学中的应用,核心在于系统性整体性探讨作为人地关系表征形式的"教—地关系"。具体而言,教育作为"人类社会一种特殊的实践活动",其本身是由多种类型、多种层次、多种组分构成的社会子系统,必然与周围的自然环境、政治、经济、文化、人口等要素进行交互驱动。而地域系统中的地域通常指一定的"地域空间",在本义上既有自然地理要素的指代又有人文地理要素的表征,[①]故在普遍意义上可把地域系统归结为地表范围内自然地理要素与人文地理要

---

① 白欲晓:《"地域文化"内涵及划分标准探析》,《江苏社会科学》2011 年第 1 期。

素相互联系、相互作用而结成的特定功能体①。

综上,我们可以把教育地域系统表述为"地表范围内教育活动(及其内部构成)与地理要素相互影响、相互作用而结成的特定功能体(教育地域综合体②)"。这深刻揭示了教育地域系统的基本内涵,其内涵要素主要体现在:一是教育地域系统所探讨的教育活动应是地球陆地表层系统③中教育活动系统及其要素的运动、发展和变化,并非探讨地球深层、大气、海洋和深空的物质运动变化;二是教育地域系统探讨的是一定地域空间范围内(根据不同需要划定的地理单元)的教育活动,比如世界教育、大洲教育、国家教育、省域教育、市域教育、县域教育等;三是教育地域系统探讨的是一定尺度地域内的一切教育活动及其要素,诸如家庭教育、学校教育、社会教育、自我教育等教育类型,学前教育、初等教育、中等教育、高等教育等教育层级,各种教育管理体制,各类办学形式,各种教育思想,等等;四是教育地域系统探讨各类教育活动及其要素与地域相互作用的形式表达、演进机理及其地域表征;五是教育地域系统探讨其纵向(与上位系统、下位系统间)联系和横向(与同层级、同类型的其他系统间)联系;六是教育地域系统探讨其与周围的自然地理环境和人文地理环境(社会环境)的物质、能量、信息的交互关系。可见,探究及建构教育地域系统的目的就是要形成系统各要素的相互作用在其结构、功能、效应上趋向平衡、稳态的调控机制,有效协调地区内、区域间、城乡间、校际间的"教育—地理"关系,实现教育地域系统结构、功能、效应的整体优化,激发教育地域系统的地域分工、生产潜力及输出效能。

---

① 夏征农、陈至立主编:《大辞海·哲学卷》(第2版),上海辞书出版社2015年版,第705页。

② 潘玉君等:《教育地理区域研究:云南省义务教育地理区划实证与方案》,科学出版社2015年版,第2页。

③ 葛全胜等:《中国陆地表层系统分区——对黄秉维先生陆地表层系统理论的学习与实践》,《地理科学》2003年第1期。

二、教育地域系统的特征分析

在"人地关系地域系统理论"①框架下,教育地域系统属于人地关系地域系统的次级系统,由"教"和"地"两个子系统构成②,既具有人地关系地域系统的一般特征,又具有其本体特征,综合分析如下。

(一)层次与维度耦合

教育地域系统是"教"和"地"两个子集耦合而成的教育地域综合体,必定受教育系统结构和地域系统结构的规制。在纵向上,教育地域系统具有多层次性,诸如"由低(低等级区域单位)至高(高等级区域单位)的教育区域系统等级结构""由低(学前教育)至高(高等教育)形成的教育层级地域系统结构"。在横向上,教育地域系统具有多维度性,诸如"任何教育地域系统整体都可能包含学前教育、小学教育、初中教育、高中教育、中专教育、高等教育、老年教育等教育层级或学校教育、家庭教育、社会教育、自我教育等教育类型中的两个或多个教育层级或类型地域组合""任何类型、层次的教育地域系统都由体制系统、目标系统、管理系统、思想系统、科类系统等多个方面合成"③。因此,当其多层次与多维度有机耦合,就形成了网状结构的教育地域系统。

(二)封闭与开放统一

根据系统论的一般原理,教育地域系统既因其在一定条件下保持相对的、特有的、暂时的结构稳定状态而呈现出"相对封闭性",也必因其是一个远离平衡状态的、非线性的、不平衡的开放系统而呈现出"典型开放性"。具体而

---

① 吴传钧:《论地理学的研究核心——人地关系地域系统》,《经济地理》1991 年第 3 期。
② 杨青山、梅林:《人地关系、人地关系系统与人地关系地域系统》,《经济地理》2001 年第 5 期。
③ 李志厚、张铁明:《教育系统结构的特点与转型》,《教育评论》1992 年第 2 期。

言,在相对封闭性上,教育地域系统主要依赖内部要素之间的相互作用和内部要素在地域空间上的重组而展开自调节、自平衡,缺少与外部自然环境和社会环境联系①,譬如"极个别的限定在特定村落空间范围内的少数民族传统文化教育系统";在典型开放性上,教育地域系统的运行发展不仅依赖其内部要素优化协调,更依赖其与外部环境(自然环境要素和社会环境因素)的交互协同,展开物质、能量和信息的交换,驱动其持续良性运行,且在经济全球化、区域一体化、文化多元化的发展趋势下,教育地域系统必然更加走向循环开放。借此而言,教育地域系统是一个典型的耗散结构系统,开放性是其主要特性和可持续发展的重要前提。但在本质上,无论是"相对封闭状态"还是"典型开放状态",都致力于在适度区域教育利益基础上实现教育地域系统的可持续发展。

(三)动态与稳态共存

教育地域系统本质上是"一种动态结构"②,具有典型的强动态性。一是影响和驱动教育地域系统运行发展的内部因素(诸如教育地域系统层次结构、类型结构、区域结构)和外部因素(诸如教育的自然因素、政治因素、经济因素、文化因素、资源因素)都处在不断运动变化状态中;二是教育系统及要素与环境(自然环境和社会环境)的联系形式、合组状态、作用机制等都在时空上不断发展变化即横向共时交互性与历时演进性的辩证统一;三是教育地域系统的整体状态、结构和功能总是受上位系统(人地关系地域系统)或同层级系统(如经济地域系统、政治地域系统、文化地域系统)的影响和制约,不可能永远恒定,必然在一定条件下随着时间的变化不断调整。正是基于上述动态调节,通过反馈机制维持教育地域系统物质流、能量流和信息流的有效供

① 杨青山、梅林:《人地关系、人地关系系统与人地关系地域系统》,《经济地理》2001 年第5 期。
② 吴传钧:《论地理学的研究核心——人地关系地域系统》,《经济地理》1991 年第3 期。

给,驱动教育地域系统及其各要素、子系统的有效持续运行,进而实现教育地域系统的稳态运行。换言之,教育地域系统各要素、子系统在地域上合理分布及其相互间保持一定的比例关系,趋向动态平衡,更好实现其整体功能。

(四)尺度等级与地域差异交织

在地理学视域内,尺度是地理事件和地理过程表征、体验和组织的等级①,而尺度等级间可有三种联系即"同级的比较关系、高级到低级的背景关系和低级到高级的集合关系"②。从"同级的比较关系"看,相同尺度规制下的教育地域系统因所在地域自然地理要素和人文地理要素的不同而必然在要素组成、运行状态、关系表达、演进机制、功能特性等方面有所差异③,诸如"云南省迪庆州教育地域系统比丽江市明显少了高等教育地域系统""东部地区教育质量明显高于西部地区"。而"高级到低级的背景关系和低级到高级的集合关系"是从纵向探讨教育地域系统,意即任一教育地域系统既是更大一级教育地域系统的组分,也是更小一级教育地域系统的背景,其在本质上就是尺度越大的教育地域系统的结构越复杂、尺度越小的教育地域系统的结构越简单,诸如以行政区划为尺度,教育地域系统的等级从国家—省域—市域—县域—乡域依次降低。可见,教育地域系统的地域差异性与尺度等级性相互交织,即某一教育地域系统与同级其他教育地域系统间具有差异性、与上下级教育地域系统间具有等级关系。

第三节　教育地域系统构成要素分析及其解构

教育地域系统本质上是教育活动系统及要素与地理环境系统的多维度、

---

① 李小建:《经济地理学研究中的尺度问题》,《经济地理》2005 年第 4 期。

② [英]R.J.约翰斯顿主编:《人文地理学词典》(第三版),柴彦威等译,商务印书馆 2004 年版,第 631 页。

③ 薛兴华:《从地域综合体解读人地关系地域系统》,《云南地理环境研究》2012 年第 1 期。

多层次的复杂交互关系体。基于特定区域自然地理环境、社会经济环境和政治文化环境等背景条件①，教育地域系统可解析为主体、客体及中介三类具体要素（见图8.1）。

一、主体要素

主体要素即特定教育地域系统中的教育者，泛指影响他人身心发展的一切人员，主要包括（学校）教师、教育管理人员（包括教育行政管理人员）、家长、校外（社会）教育机构工作人员、自我（从教育活动的主体性看，受教育者自己也是自我教育者）等，其中最重要的就是学校教师群体。这些教育主体与特定区域的地理要素交互作用形成的地域综合体便是教育者地域系统，典型的如教师地域系统、教育管理人员地域系统，其交互关系主要体现在两个方面：一方面，教育主体的规模、质量、布局、发展速度直接影响着区域教育的发展水平；另一方面，区域社会经济发展水平、政府政策、文化氛围又影响着区域教育投入水平及对教师人才、社会教育资源的吸引、集聚能力，进而影响和制约教育发展的结构、速度、质量。

二、客体要素

客体要素即特定教育地域系统中的受教育者，主要包括各级各类学校（诸如托儿所、幼儿园、小学、初中、高中、中等专业学校、高校、特殊教育学校）学生和其他受教育者（如少年宫、青少年活动中心的学习者）。进一步看，我们可以根据年龄段、性别、职业特性、族别把受教者划分为不同的受教育群体（如按年龄段划分为儿童、少年、青年、成年、老年，按性别划分为男性、女性，按职业特性划分为人才、工人、农民，按族别划分为少数民族、直过民族等），其规模大小、分布格局、素质高低、族际结构等在一定程度上影响着教育的空

---

① 杜国明、于佳兴、李全峰：《精准扶贫区域系统及其运行机制》，《东北农业大学学报（社会科学版）》2017年第5期。

间布局和区域教育的协调发展,呈现出明显的地域分异和结构差异,意即形成儿童教育地域系统、少年教育地域系统、青年教育地域系统、老年教育地域系统、妇女教育地域系统、男性教育地域系统、特殊教育地域系统、人才教育地域系统、工人/农民教育地域系统、民族教育地域系统、男性/女性教育地域系统,等等,在本质上集中体现在生源的数量、质量、区域结构及地域差异。

三、中介要素

中介要素即特定教育地域系统的教育中介,是指教育活动系统中教育者(教育主体)与受教育者(学习主体)联系与互动的桥梁和纽带,主要包括教育内容、教育手段、教育媒介、教育环境、教育机构等诸多方面。无论是在特定地域的初等教育、中等教育还是高等教育中,其都需要通过教育中介方能将教育主体和教育客体统合起来。同样地,无论是在学校教育、家庭教育、社会教育,还是在自我教育中,也都只有依靠教育内容、教育手段、教育媒介等中介要素方能将教育地域系统的主体要素和客体要素统合起来。从这个意义上看,中

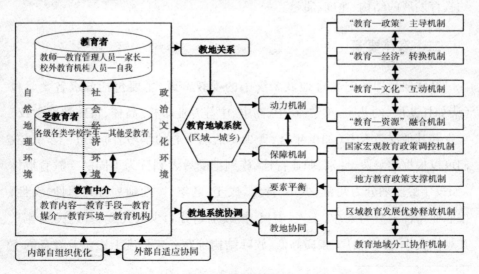

图8.1 教育地域系统要素构成及运行示意图

介要素是教育地域系统中最为不可或缺的核心要素,只有透过教育地域系统中介要素的桥梁纽带作用,方能实现教育地域系统主体要素、客体要素的有机统合,从而形成教育地域系统内部各要素之间的良性互动和稳态运行。

第四节 教育地域系统的运行驱动与运行保障

系统各组成要素与外部环境间在时空上的耦合(辩证矛盾体),是教育地域系统形成发展的动力机制,具体可从系统运行范式和动力机制两方面作相应阐释。

一、教育地域系统的运行驱动

(一)教育地域系统的运行范式

教育地域系统得以运行离不开其固有机制的驱动,这一驱动机制就是内部自组织优化与外部自适应协同相综合的结果。就其内部自组织优化机制而言,更多强调的是系统内部各构成要素间的协同不悖与顺畅衔接;而外部自适应机制主要强调的是系统自为性与外部适应性的交互,重在系统自身与其他地理要素系统持续进行物质、能量、信息的交换。两者有其共通之处,但也存在明显差异。

一是内部自组织优化机制。从内部来看,构成教育地域系统运行驱动机制的内部组成部分,以教育地域系统构成要素的占有者为机制行为人,典型的如"管治国家(地区)教育资源要素的各级教育行政部门、学校教育政策制定者(主导者)或其他利益相关者"[1];以教育地域系统内部的"平衡—稳态"循环为机制行为规则,典型的如"教育地域系统输入要素的数量及其结构比例关系要与所输出的教育地域系统运行结果、教育地域系统运行过程的能量消

---

① 袁振杰、陈晓亮:《西方教育地理学研究评述与本土反思》,《地理科学》2019 年第 12 期。

耗长期保持在相对的稳态水平,进而得以创生系统的平衡与持续运行";以教育地域系统构成要素的优化配置为机制得益方式,典型的如"教育地域系统内部各要素应维持相对固定的结构与比例关系,方能实现系统自身固有功能的有效发挥";以教育地域系统构成要素的现实驱动为机制反馈,典型的如"当系统输入与输出、运行能量消耗存在明显差异时,则系统运行结果定会倒逼各运行环节作出相应的应激改变"。

二是外部自适应协同机制。从外部来看,构成教育地域系统运行驱动机制的外部内容,以教育系统与其他地理要素系统互动规则的制定者为机制行为人,典型的如"国家对教育事业及其他经济社会发展部门所作出的顶层设计和总体规划,意即各级各类教育的举办者、出资者";以社会诸元子系统治理调控的一般范式为机制行为规则,典型的如"不同社会生产部门在国民经济中的地位、作用及其资源投入,尤其不同层次、类型'人(教育)—地'互动的资源配比及发展秩序,意即教育事业的社会地位、教育经费的总体占比、教育政策的调控力度、教育发展的社会氛围等";以教育系统与其他地理要素系统物质能量和信息交换的统合规则为得益方式,典型的如"社会的人口构成、经济基础等为教育系统的运行提供条件性资源保障,教育系统为社会发展运行提供必要的人力支持和智力支撑,意即作为人文地理要素的教育与政治、经济、文化、人口、科技等其他人文地理(社会)要素的相互影响";以其他社会系统对教育系统运行的要求、制约及其反作用为反馈要素,典型的如"特定经济社会发展所能够为各级各类教育系统运行提供的基础性资源要素(人力资源、物力资源、财力资源)及发展性要素资源支撑①,意即教育系统运行虽可对经济社会发展起到一定的引领作用,但无法超越特定的时代背景和社会发展而存在"。

如图 8.2 所示,既然教育地域系统运行是教育地域系统内外部要素交互

---

① 段从宇《中国高等教育区域协调发展研究》,科学出版社 2015 年版,第 79—81 页。

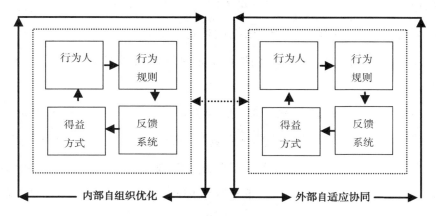

图8.2　教育地域系统的运行范式

耦合的外在行为表现,则我们可以在理论上认为:兼具自然和社会双重属性的教育地域系统运行,既要考虑其内部要素的作用机理、行为方式,深层观照其自组织优化的本然规律;也应考量其与其他外部地理要素系统的影响与制约,从根本上厘清教育地域系统对经济社会发展的引领和支撑,并兼具考察社会政治、经济、文化、科技、人口等综合资源禀赋要素对教育地域系统的规制与约束。在本质上,任何教育地域系统的构成(建构)与运行,均是"人—地"地域互动基础上的特殊人类活动,直接关系到相关"人"所支配(占有)的资源要素及其该群体的理想需求。在"人"所占有资源相对有限而其理想需求无限的现实情境下,教育地域系统的构成(建构)与运行需在两者间寻得平衡与统一。无论是从空间层面解析出的区域教育系统,还是从区域层面解析出的城乡教育系统、从城乡层面解析出的校际(整体)教育系统运行,均不应背离这一前提。

(二)教育地域系统的动力机制

人类教育活动长期与自然条件、政治、经济、文化、历史、资源等因素[1]存

---

① 张燕燕、王孙禹、王敏:《我国高等教育资源区域分布历史演变驱动因素与作用机制分析》,《清华大学教育研究》2013年第2期。

在作用与反作用的多维交互。但在不同历史时期,这些因素对教育实践活动的影响是有所不同的。故此,依据前述运行范式,可着重从教育政治、区域经济、教育文化、教育资源等四个方面探讨教育地域系统运行的动力机制。

一是"教育—政策"主导驱动。纵观人类活动史,教育受政治因素(诸如政权性质、政治制度、执政纲领)影响是一个普遍性规律,其作用机理主要体现在两个方面:一是通过政治革命建立新政权而带来的教育制度环境的根本性变革(诸如合并、分裂、重建),意即政治因素对教育发展的极端驱动,直接形成了一定的新的政治属性的教育地域系统,如第二次国内革命战争时期形成的苏区教育地域系统。二是通过政治改革所导致的教育公共政策调整(包括"由内向外"和"由外向内"政策驱动模式①),意即通过教育领域利益关系的局部调整,驱动教育地域系统内部优化组合和外部协同联动,如改革开放前/后的教育地域系统、新时代教育地域系统。特别是在政治改革过程中,教育公共政策倾斜或优先试点实施的区域易形成新的区域教育发展增长极。比如:改革开放后代表教育优先级的东部沿海教育地域系统。进一步看,在社会和平稳定时期,政治对教育地域系统的驱动作用主要通过具有国家政治属性的教育政策改革规制区域教育协调发展、均衡发展。

二是"教育—经济"转换驱动。根据教育学"一定区域的经济发展水平(诸如经济结构、劳动分工结构、产业结构、生产工具制造)规制其教育发展的规模、质量、结构、布局、速度"的理论观点,教育地域系统必然建构在一定经济条件之上,甚至一定经济条件直接催生了相应的教育地域系统,诸如"各大学城的规划建设"、深圳特区在经济开放发展的基础上实现了由"乡村教育地域系统"向"城市教育地域系统"的转变。这在本质上映射的是教育地域系统

---

① 樊平军:《高等教育政策驱动模式的国际比较》,《高教探索》2009 年第 5 期。

的运行发展离不开必要的经济投入和经费保证及基础建设,理论上区域教育投入越多其教育规模越大、质量越高、发展越快。与此同时,教育又通过为区域经济持续供给人才、知识、技术等要素,促进教育所创造的潜在生产力转变为现实生产力,实现教育经济价值,进而促进经济发展。二者循环往复的价值功能转换关系,必然造成教育经济系统发展的"马太效应",也在客观上造成不同经济水平的区域间教育发展的不平衡、不协调状态。

三是"教育—文化"交互驱动。教育活动总是处在一定的地域文化或文化区中,其目标、观念、内容、方法等必然受地域文化的影响,意即地域文化浸润和滋养着区域教育,不同的地域文化与教育系统交互作用自然形成具有各自区域文化特征的教育地域系统,诸如上海既是海派文化的中心也是海派文化区的教育中心、文化因素使我国高等教育资源汇集为六极双中心①、南北方文化差异形成了具有阴柔细腻特征的南方区域教育和具有粗犷豪放特征的北方区域教育。当然,在诸多地理事象中,教育事象本身是一种特殊的文化现象,也是地域文化的重要构成,发挥着地域文化传承、传播、更新、创造、扬弃的功用,不断提升地域文化厚度,特别是区域教育的历史、制度、政策、法规、课程、科研、学术等为区域教育文化系统发展奠定了基础。可见,区域教育与地域文化在互动中不断发展②,正是这种特殊的互动关系不断优化协调教育地域系统的结构和功能。

四是"教育—资源"融合驱动。从教育地域系统的运行机理看,教育资源驱动是教育地域系统形成发展的重要驱动形式,其关键在于教育资源的空间配置和区域布局决定着教育地域系统的组织结构和功能特性。在本质上,不同的资源聚散机制对教育资源配置效率和教育地域系统发展有重要影响。首先,从聚集机制(效应)看,教育资源具有流动性和趋利性,意即教育资源在非

---

① 段从宇:《中国高等教育区域协调发展研究》,科学出版社 2015 年版,第 150 页。
② 麻艳香、蔡中宏:《在互动中发展的教育与文化——教育与文化的关系研究》,《科学经济社会》2010 年第 1 期。

外力强制干预下通常会供给和流向优势区域、优势部门、优势学校，形成"教育资源"的"马太效应"，这也是长期以来我国区域教育发展不均衡的重要归因，诸如教育资源的东西部分离机制造成东部教育地域系统明显比西部教育地域系统发达，教育资源的城乡二元分割机制导致乡村教育地域系统严重落后于城市教育地域系统。其次，从扩散机制（效应）看，因区域教育资源聚集形成的教育增长极对周围落后或欠发达地区教育地域系统产生推动作用或有利影响，从而缩小区域教育发展差距。从根本上看，无论是教育资源的聚集效应还是扩散效应，目的就是要促使区域间教育地域系统在依赖中实现均衡。

二、教育地域系统的运行保障

教育地域系统的建构及运行旨在推动我国区域教育的均衡、协调发展，实现教育公平，而实现这一系统目标根本上就是要实现区域教育资源的空间优化配置，关键是教育资源在区域之间、城乡之间、校际之间的合理分配和适度流动。[①] 如前所述，区域教育资源具有典型的趋利性，其在空间配置上不可能实现自动均衡和天然协调，势必需要统合构建一套集"宏观调控统筹、地方政策支撑、区域优势发挥、地域分工协作"于一体的保障体系。

（一）国家宏观的政策调控保障

任何国家尺度下的教育地域系统都离不开教育基本制度及其政府宏观政策的保障。美国著名经济学家兰斯·E.戴维斯和道格拉斯·C.诺斯指出："在经济增长中起决定性作用的是制度因素"[②]，同理，在教育地域系统稳态运行中起决定性作用的便是国家教育公共政策，在本质上就是要通过国家教育公

---

① 蒋姗姗：《区域内义务教育均衡发展的保障机制构建》，《新余学院学报》2016 年第 1 期。

② ［美］兰斯·E.戴维斯、道格拉斯·C.诺斯：《制度变迁与美国经济增长》，张志华译，格致出版社 2019 年版，第 2 页。

共政策规制其运行规则、空间秩序(诸如地理位置、优势度、区域空间、要素空间)。具体可从六个方面解析:一是进一步加强顶层设计,完善教育优先发展的制度体系,切实形成中央—省域—市域—县域—乡域"教育工作优先安排、教育经费优先考虑、教育问题优先解决①"的工作机制;二是从根本上树立"教育协调发展"的价值取向,统筹考量教育区域分异、城乡分异、校际分异,分类分层构建区域教育均衡化、城乡教育一体化、校际空间特色化的宏观教育政策及调控机制,形成要素平衡、"教—地"协同的教育地域系统,诸如推动县域义务教育系统从基本均衡迈向优质均衡、基于经济发展逐步扩大义务教育范围、保持区域高等教育系统适度梯度发展策略;三是在区域教育机会公平(诸如基础教育就近划片入学、生源合理调度)的基础上全面废除学校教育等级身份制度,彻底取消"重点班""重点校""子弟校",破除"公办学校""民办学校""混合所有制学校"身份藩篱,营造各级各类教育地域系统公平发展的政策环境;四是在西部大开发、中部崛起、东北振兴、脱贫攻坚等区域扶持政策的基础上,进一步加大人事、财政、招生、科研、教育协作等政策向西部地区、城郊地区、乡村地区、民族地区、后进学校的倾斜力度;五是全面深化教育投资体制改革,适度扩大财政转移支付力度(如提高县域教育财政保障层级,避免"以县为主""穷县办大教育"的体制性弊端),积极吸纳民间教育投资,拓展资金筹措渠道,切实增加教育经费并提高其使用效益,激发地方办教兴教的积极性;六是健全教育系统规划和教育地理区划机制,统筹划定教育区域及教育功能区,为优化教育地理布局提供科学依据。

(二)地方教育的政策支撑保障

新中国成立以来,我国对教育事业的管理总体上实行的是中央和地方

---

① 王刚:《为教育优质均衡发展提供机制保障》,《人民日报》2014年2月20日。

"两级管理体制",意即在中央的统一领导下,地方一级(省级、市级、县级的统称)具体管理所辖区域内的各项教育工作。可见,地方一级是教育治理体系的关键一环,其发展教育的积极性对区域教育地域系统有序运行、稳定发展具有重要的支撑作用,具体可从五个方面着力:一是地方要着眼教育地域系统发展全局,严格执行中央的教育方针政策,确保中央教育政策在所在区域落地落实、不偏不废;二是地方要结合实际,在中央赋予的教育权能范围内,积极深化教育人事、教育招生、教育均衡、教育经费等区域教育政策改革探索和试点试验,形成创新性区域教育地域系统治理方案和发展经验;三是地方要统筹经济社会各领域事业发展需要,推进供给侧结构性改革,筑牢教育优先发展的地位,适度加大地方财政向域内教育的投入力度,为域内教育发展提供强有力的经济保障;四是地方要探索构建教育均衡协调发展配套措施和考核激励措施,引导社会资本和民间力量积极参与教育投资、捐资助学,拓展地方教育资金筹措渠道;五是地方要加大教育政策措施舆论宣传力度,引导各类社会主体特别是教育参与者理解支持区域教育均衡协调发展,营造区域教育均衡协调发展的良好氛围。

(三)区域发展优势的释放保障

国家教育地域系统由不同区域的教育地域系统构成,意即区域教育地域系统是国家教育地域系统的子系统或分支,国家教育地域系统的总体均衡协调发展必然依赖各区域教育地域系统内部及其彼此间的均衡协调发展和优势释放发挥,故在教育地域系统运行发展过程中,要注重发挥区域性教育发展优势。从横向看,每个区域无论自然地理还是人文环境都会有其独到之处,这些"独到之处"与区域教育交互共融,就形成了各区域教育地域系统的独特优势,主要体现在三个方面:一是不同的区域具有不同的自然环境,其独特的地域自然条件可为教育提供相对广阔多样的活动空间;二是不同区域有不同的历史文化,能形成具有地域特色(民族文化特色)、差异化的教育内容体系和教育管理体系；三是区域教育发展有助于重构"教育—社会"关系①，发挥其对区域经济发展和社会民生改善的先导性、引领性价值②。当这些独特优势充分释放，必将促进国家教育地域系统结构不断优化、功能不断提升、要素不断平衡。

（四）教育地域的分工协作保障

从同级尺度看，自然条件和社会经济条件的地域差异必然导致教育地域分工，意即不同的地域有不同的教育布局、规模、结构。在本质上，教育均衡发展不是区域间教育的"平均主义""均等化"，而关键是在发展中促进区域教育相对平衡与协调。由此可见，教育地域分工是避免区域教育发展同构化的客观要求，也是教育地域形成的根本原因，更是教育现代化发展的必要条件。当然，教育地域分工在强调"分"的同时，必然取向地域间的"合"，其"分"在于发挥不同地域教育的比较优势，促使区域教育利益最大化，而"合"意欲避免区域教育的恶性竞争，减轻区域环境的承载压力，实现区域教育地域系统结构完善、功能提升、要素平衡、优化协调的目标，典型的如我国西北地区因生态环境十分脆弱而不宜布局过多的高等教育。因此，只有坚持教育地域的分工协作有机结合，方能保证教育地域系统持续有序运行。

总之，作为教育地理学的研究对象，教育地域系统是"地表范围内教育活动（及其内部构成）与地理要素相互影响、相互作用而结成的特定功能体"。其具有层次与维度耦合、封闭与开放统一、动态与稳态共存、尺度等级与地域差异交织等基本特性。教育地域系统是在人地关系地域系统理论基础上建构的地域系统。教育地域系统运行以教育活动主体、教育活动客体和教育活动

---

① 李政涛：《中国社会发展的"教育尺度"与教育基础》，《教育研究》2012年第3期。

② 孙元涛、毛欢：《培育区域教育综合改革的典型个案——刍议我国经济技术开发区教育发展的优势转化》，《教育发展研究》2017年第10期。

中介为其基本要素,以特定区域的自然地理及社会政治经济文化为系统运行环境,以内部自组织优化和外部自适应协同为运行范式,以"教育—政策"主导驱动、"教育—经济"转换驱动、"教育—文化"交互驱动、"教育—资源"融合驱动为动力机制,以国家宏观的政策调控、地方教育的政策支持、区域发展优势的释放、教育地域的分工协作为保障机制。开展教育地域系统研究意在尝试为深入探讨区域教育均衡和地方性教育优势发挥等教育地理现象、教育地理问题提供一种新的分析框架和研究范式。

客观来看,教育地域系统的建构为深入探讨教育地理现象、全面解析教育地理问题提供了一种新的分析框架和研究范式,其全面凝练了在"教育—地理"学科知识融合地带生长的教育地理学的内涵与外延,科学揭示了教育地理学研究的特殊矛盾——"教—地"关系,有效破解了教育地理研究既姓"教"又姓"地"的学科困惑——具有地理学意味的教育现象或教育问题①。开展教育地域系统研究在一定程度上丰富和深化了教育地理学学科基本理论和知识概念体系,可为我国区域教育均衡布局、城乡教育协调发展、校际空间特色建设和地方性教育优势发挥提供必要的理论依据。因此,我们应把"教—地"关系作为教育地理学的研究对象,并以教育地域系统作为教育地理学的研究核心。

当然,从演绎逻辑看,教育地域系统是人地关系地域系统的具体化、特殊化,在一定程度上反映了人地关系地域系统的一般特性,遵循人地关系地域系统运行的一般范式。然而,"教—地"关系是人地关系中最具主体性、能动性、复杂性②的组分,不仅包括教育与自然环境的关系,而且包括人与教育的关系、教育与社会环境的关系,以及彼此间的关系,诸如教育与社会间的"先导

---

① 曹照洁、张正江:《教育地理学研究的现状、问题与出路》,《毕节学院学报》2010 年第 12 期。

② 付臻、吴迪龙:《基于耗散结构理论视角的教育生态系统特征及其表现模态论析》,《江淮论坛》2017 年第 5 期。

发展、伴生发展、跟随发展"关系①,故"教—地"关系研究固然涉及多个学科领域,单纯的地理学、教育学都难以完全诠释。换言之,教育地域系统正好可以从"教育—地理"综合交互视角对其作全面阐释以弥补其单一学科解析的缺憾②,并探讨其内在运行机制。因此,要实现教育地域系统的良性运行和稳态发展,除需要系统内部自组织优化机制和外部自适应机制的协同统一外,还需要两个机制在并行交互中不断发展、耦合优化,进而在与国家(区域)的政治、经济、社会、文化、人口、科技等要素的多元交互中,一方面吸收系统外部资源要素为自身的自组织优化所用;另一方面,以系统固有的应激阈值上限来增强对外部环境的影响与适应。尤其需要指出的是:在当今的开放型社会架构内,无论何种类型、层次的教育地域系统,其都需要在自然、社会双重属性作用下求得发展,都需要在与政治、经济、社会、文化、人口、科技的多元交互中不断改进、不断发展。

第五节　以教育地域系统构建为核心的教育地理学学科体系

综上所述,在教育地域系统建构的基础上,从哲学尺度、空间尺度、时间尺度三个层面建构教育地理学学科体系,如图8.3所示。

① 吴岩等:《建构中国高等教育区域发展新理论》,《中国高教研究》2010 年第 2 期。
② 李扬、汤青:《中国人地关系及人地关系地域系统研究方法述评》,《地理研究》2018 年第 8 期。

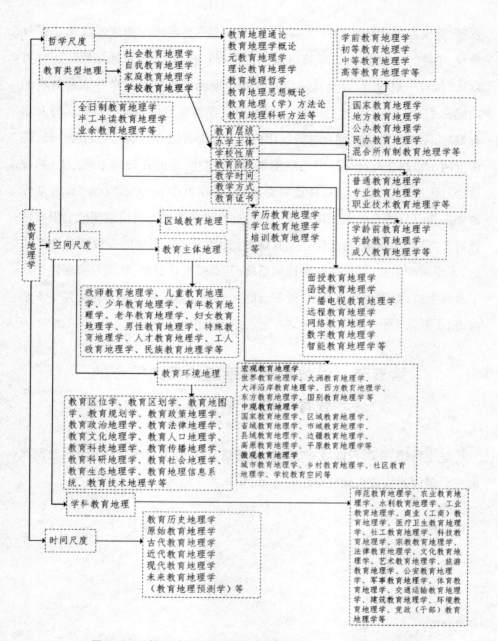

图 8.3　以教育地域系统为核心构建的教育地理学学科体系

研究结论

基于前述 8 个章节相关内容的研究探讨,本书总结凝练了七个方面的结论和三个维度的创新,具体内容呈现如下。

一、主要结论

结论 1:在普遍意义探讨的范畴内,"教育—地理"学科融合催生了一个新的知识领域,这个领域既不单纯限定在教育学学科框架内,而从属于教育的下位学科;也不绝对囿于地理科学领域,演化为地理的分支学科。尽管"教育—地理"学科知识的交叉融合仍在进一步发展,但"教育地理学"已然成为一个日渐发展完善的知识体系。基于"教育"和"地理"学科知识交叉的元学科分析表明:教育地理学是以研究教育空间系统为对象,以研究教育地域系统为核心,聚焦探讨地表空间范围内人类教育事象时空分布、演变机理、传播形制、结构特性、地域差异及其相互关系的一门综合性交叉科学。

结论 2:在知识发展固有逻辑支配下,"教育—地理"学科融合的边界及限度在周边知识和默会知识的积累与聚合过程中不断深化和拓展。在学科边界上,教育地理学生成于教育学和地理学的知识交融地带,与教育学、地理学系"下位—上位"关系,与地理教育学系"全异"关系,与区域教育学"重叠而差异化共生",属科学学体系中第四层次的知识内容。在外延限度上,教育地理学可在"三个维度"(哲学、空间、时间)、"七个方面"(教育类型地理、区域教育地理、教育主体地理、教育环境地理、学科教育地理、教育时序地理、学科哲学)形成知识内容的扩张与辐射。

结论3:在地理学的特定视角观照内,教育地理学作为地理学的下位分支学科特别是作为人文地理学的下位分支学科,既具有理论合理性,又具有实践合目的性,表现出教育性、人文性、应用性、综合性、交叉性、相对独立性等基本特性。基于这一学科属性,从"教育地理环境系统""教育地理实践活动""教育地理资源要素"三个维度所作的学科知识内容解构及其统合建构表明:地理学的特定视角内教育地理学学科知识内容解析及其统合,难以系统观测教育对地理环境能动作用方面的知识内容及其架构。故其应以"交叉学科"为视角,因循学科知识"人—地互动、教—地互动、教育—环境互动"的三重内在逻辑,展开教育地理学的学科知识内容解析及统合建构。

结论4:在"人—地"互动逻辑框架内,教育人地关系是人地关系的具体化、特殊化、领域化,其理论结构包含三个方面(见图5.1):从本体论看,教育系统与地理环境系统的动态关系主要体现在教育系统和地理环境系统之间进行的物质循环、能量转化和信息交换,即教育活动是教育人地关系形成、变异、演化、发展的主要因素;从认识论看,在特定的地域空间内,教育人地关系是一种具有社会和历史特性的辩证关系,主要包括教育活动(系统)对地理环境(系统)的依存关系/依赖关系、地理环境(系统)对教育活动(系统)的驱动关系/约束关系、教育活动(系统)影响地理环境(系统)的社会经济关系;从方法论看,教育人地关系需要汲取和借鉴经验主义方法论、实证主义方法论、人文主义方法论、结构主义方法论及系统分析方法、区域分析方法、空间分析法、地缘分析法、要素分析法、行动研究等多学科研究方法展开综合研究。

结论5:在学科理论框架的尝试建构中,教育地理学理论框架集中观照"人""地""人地综合"三个视角的教育地理科学理论(见图5.2)。从"人"的视角看,教育需求理论、利益相关者理论、教育心理学/人类学/社会学/文化学/政治学/政策学等可作其基础理论,教育(空间)行为理论和教育过程理论可作其核心理论;从"地"的视角看,自然/文化/经济/社会/人口/景观/政治地理学、人力资本理论、资源基础理论等可作其理论基础,教育资源理论和教育环境理论可作其核心理论;从"人地综合"的视角看,区域经济理论、教育区划/规划/生态/区位/教育地理信息系统/社会空间理论、教育经济地理学、教育管理学等可作其理论基础,教育系统论/协调论/协同论/可持续发展理论、教育空间理论、学校组织生命周期理论、教育内外部关系规律理论等可作其核心理论。

结论6:在"传统+现代"的学科体系评判分析框架内,教育地理学的学科知识体系和非学科知识体系总体薄弱。从学科知识体系看,教育地理学的本体论知识较为薄弱、认识论知识范畴窄化、方法论知识极其匮乏,可运用"教育—地理"关系的调控理念、优化理念、协同理念对其学科本体论知识、认识论知识、方法论知识进行系统整合。从非学科知识体系看,教育地理学的学科人才队伍建设滞后、专业建设及学生培养不足、专门性学术期刊发展缓慢、专门化学者社团尚未建立,可从学科人才队伍、学科专业人才培养、专业性学术期刊、学术(者)社团四个方面进行统筹改进。

结论7:在"超越本然建构"的尝试探讨中,教育地域系统构建是实现"教育—地理"良性互动,激发教育地理学发展潜能的必由路径。在本质上,教育地域系统是"地表范围内教育活动(及其内部构成)与地理要素相互影响、相互作用而结成的特定功能体。其具有层次与维度耦合、封闭与开放同在、动态与稳态共存、尺度等级与地域差异交织等基本特性。教育地域系统建构以人地关系地域系统为理论基础,以教育活动主体、教育活动客体和教育活动中介为其基本要素,以特定区域的自然地理及社会政治经济文化为系统运行环境,以内部自组织优化和外部自适应协同为运行范式,以"教育—政策"主导驱动、"教育—经济"转换驱动、"教育—文化"交互驱动、"教育—资源"融合驱动为动力机制。建构教育地域系统意在尝试为深入探讨教育地理现象、全面解析教育地理问题提供一种新的分析框架和研究范式,并在此基础上从哲学尺度、空间尺度、时间尺度三个层面建构教育地理学学科体系(见图8.3)。

二、创新之处

本书聚焦"教育地理学的学科属性及学科体系建构"的核心研究内容探讨，主要在三个方面体现了一定的创新。

1. 阐述并揭示了教育地理学在学科属性上应属"教育—地理"学科交叉的本质事实。借助地理学的特定视角，阐述了教育地理学作为其下位分支学科发展的逻辑可能和内容缺失，并在教育地理学作为地理学下位分支学科内容缺失探究的基础上，通过交叉学科理论的"教育—地理"学科知识交叉内涵、边界与限度的思辨厘定，明确揭示出"教育地理学作为教育活动与地理要素相互影响、相互制约、相互促进的一门新兴交叉学科"的客观事实。

2. 提出并论证了"教育地域系统"是教育地理学学科体系构建核心本体的理论观点。透过人地关系理论的"人—地互动"和教育内外部关系规律的"教育—环境"交互迁移，论证了"教育地域系统"作为"人—地互动逻辑起点"和"教育—环境交互逻辑终点"相统一的一面，并在教育作为人类社会活动的理论认知内，提出了教育地域系统以"教—地互动"串联"人—地互动"和"教育—环境互动"的中介纽带作用，从而明确了教育地域系统作为教育地理研究逻辑起点、逻辑中介和逻辑终点的辩证统一。

3. 分析并解构了教育地理学基于"教—地"互动逻辑而生成的本体论、认识论和方法论内容。遵循"教育—地理"学科知识交叉的"教—地互动"逻辑主线，分析了教育地理学以教育活动和地理要素多元耦合而形成本体论知识，以"教育—地理研究学术共同体"学科认知而催生的认识论内容，以交叉学科知识关联和下位学科纵向分化相统一的方法论解析。

本书在教育地理学研究领地上的零星内容丰富，在教育地理学学科体系建构上的式微理论创新，更多是建立在前人开创性研究的基础上，既是人地关系等系列理论在客观教育地理事象观照上的粗浅尝试，也是立足教育地理研究巨人肩膀上的持续前行。

后　记

在忐忑中,《教育地理学学科体系构建新论》一书的撰写基本完成并付梓出版。学科体系构建,兹事体大。尝试探索教育地理学学科体系这一宏大课题,于我而言自是一个巨大挑战,其初衷意在总结梳理教育地理学发展历程尤其是近二十年教育地理研究进展,以抛砖引玉之方式,引出更多专家、学者参与到教育地理研究中来,一同为教育地理实践发展贡献力量。由于个人水平所限,虽竭心尽力,但书稿中难免还存在诸多不足和缺憾,其中的一些理论、观点可能存有争议。

教育地理学学科体系是教育地理学学科理论的重要内容,关乎教育地理学作为一门学科的"合法性"。自 20 世纪 90 年代开始,教育地理学以"学科"身份在"学科中国"的舞台上走过了 20 余载。作为一门相对年轻的学科,教育地理学融通教育学和地理学、横跨人文社会科学和自然科学、彰显交叉学科特色,在推动我国教育治理现代化、破解区域教育发展不均衡、促进教育资源优化配置等方面提供了理论支撑和解决方案,也在促进地理国情教育、增强生态环境保护意识等方面发挥了积极作用,日益引起学界的关注。但是,日趋复杂多变的教育地理实践问题(诸如东—中—西部区域教育发展不平衡、城—乡区域教育发展不平衡、高原—平原区域教育发展不平衡、教育资源配置的区域性集中),为教育地理学学科发展提出了更高更新的要求。总体上,教育地理学尚属于内在建制"拓殖屡弱"和外在建制"势孤力寡"的学科。因此,对"教育—地理"融合生成的教育地理学进行元思考,构建完善的学科体系无疑

195

具有重要的现实意义和理论价值。

本书虽然定名为《教育地理学学科体系构建新论》,但更多是从地理学的视角观察和探索教育地理学的学科属性及学科体系。具体来看,主要是运用地理学的有关理论和方法,展开教育地理学的历史回顾、学科属性分析、学科知识厘定、学科知识统合构建、学科构建现实考察、学科体系优化改进,初步提出以教育地域系统构建为核心的教育地理学学科体系。但在具体研究过程中,鉴于现实条件和个人水平所限,研究未能在教育地理学学科属性分析、教育地理学学科知识厘定、教育地理学学科体系构建方面做到尽善尽美。尤其是未能从教育学视角、交叉学科视角、综合学科视角对教育地理学学科体系构建开展多视角探讨,不免让本书中构建的学科体系略显单薄。个中的遗憾,只有在未来的持续学习、研究中加以弥补和完善!

本书从选题、设计、提纲、撰写、修改到定稿付梓,得到了云南师范大学伊继东教授、潘玉君教授、罗明东教授、段从宇教授、刘六生教授、黄海涛教授、曹洪华教授、王庆玲教授、杨超副教授、张婷婷副教授、姚辉老师、付磊老师等多位师长的支持与帮助。人民出版社、云南师范大学、云南人才市场为本书的出版提供了诸多指导与便利,在此一并表示感谢!在本书付梓之际,还要特别感谢所有开展教育地理先期研究及实践的前辈、同仁,是他们的辛劳和智慧使我能站在前人的肩上,不断向前。

最后,向为本书撰写、出版以及我个人成长倾心注力的恩师伊继东教授表示最真诚的谢意!

"理论研究之路漫漫且修远。"本书的撰写虽然暂告一个段落,但在追求教育地理研究的征途上,我将会继续努力耕耘。拙著即将面世,心中不免惶恐。诚盼各位大雅宏达之士指正赐教!

李增华

2022 年 12 月

策划编辑:房宪鹏

责任编辑:冯　瑶

图书在版编目(CIP)数据

教育地理学学科体系构建新论/李增华 著. —北京:人民出版社,2023.6
ISBN 978－7－01－025614－6

Ⅰ.①教… Ⅱ.①李… Ⅲ.①教育学-地理学-学科发展-研究-中国
　Ⅳ.①G40－059.9

中国国家版本馆 CIP 数据核字(2023)第 070754 号

教育地理学学科体系构建新论

JIAOYU DILIXUE XUEKE TIXI GOUJIAN XINLUN

李增华　著

人 民 出 版 社 出版发行

(100706 北京市东城区隆福寺街 99 号)

北京九州迅驰传媒文化有限公司印刷　新华书店经销

2023 年 6 月第 1 版　2023 年 6 月北京第 1 次印刷
开本:710 毫米×1000 毫米 1/16　印张:13
字数:200 千字

ISBN 978－7－01－025614－6　定价:68.00 元

邮购地址 100706　北京市东城区隆福寺街 99 号
人民东方图书销售中心　电话 (010)65250042　65289539